U0330057

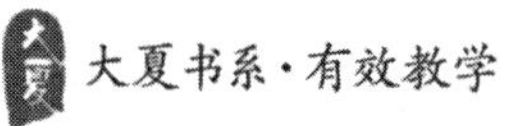

观课议课与课程建设

陈大伟◎著

华东师范大学出版社
全国百佳图书出版单位
·上海·

图书在版编目（CIP）数据

观课议课与课程建设/陈大伟著. —上海：华东师范大学出版社，2011.10

ISBN 978-7-5617-9018-2

Ⅰ.①观... Ⅱ.①陈... Ⅲ.①中小学—课堂教学—教学研究 Ⅳ.①G632.421

中国版本图书馆 CIP 数据核字（2011）第 206743 号

大夏书系·有效教学

观课议课与课程建设

著　　者　陈大伟
策划编辑　朱永通
审读编辑　李热爱
封面设计　吴乾文
责任印制　殷艳红

出版发行　华东师范大学出版社
社　　址　上海市中山北路 3663 号　邮编 200062
网　　址　www.ecnupress.com.cn
电　　话　021-60821666　行政传真 021-62572105
客服电话　021-62865537
邮购电话　021-62869887　地址　上海市中山北路 3663 号华东师范大学校内先锋路口
网　　店　http://hdsdcbs.tmall.com

印 刷 者　北京季蜂印刷有限公司
开　　本　700×1000　16 开
印　　张　13
插　　页　1
字　　数　168 千字
版　　次　2011 年 11 月第一版
印　　次　2021 年 11 月第十二次
印　　数　39 201-42 200
书　　号　ISBN 978-7-5617-9018-2/G·5358
定　　价　29.80 元

出 版 人　朱杰人

序言｜　穷则思变，变中求通

本书由“观课议课的实践与文化”和“课程建设的问题与解答”两部分组成。

先说“课程建设的问题与解答”。

2010年10月，收到《教师月刊》做“年度回访”的约稿，要我说一点想说的话。我说：“海德格尔认为，人只有通过‘先行到死中去’，才能从沉沦中拯救出来。读书是信则有，不信则无的。我对海德格尔的观点是信的，于是免不了想一想死后的情形。或许，死后会有人说‘这个人提出过观课议课’，但我以为，这算不得知己的说法，我的梦想和目标是有人能说‘这个人曾经参与论证和推进过学校的产品是课程这个理念’。”课程建设问题花去了我更多的心血，因为在我心目中它对教育更有意义，对教师更有价值。

作为教育人，目睹学生、教师、学校乃至中国教育的艰难和痛苦，我良心难安。教育的出路何在？一直为这个问题纠结。

辗转求索中，受良朋启发，自己做深入研究，我开始得出比较明确的认识：学生的发展决定于生活在其中的课程；学校的“产品”是课程；教师生活的价值在于提供对学生发展有利而合理的课程；课程的意义在于帮助学生获得生存的本领、学习生存的智慧、体验生命的意义和价值；从实践意义上讲，课程就是学校组织成员共同创生的、对学校成员产生影响的教育环境和教育活动。

理论需要实践。从 2007 年 8 月 4 日在《中国教育报》上发表《学校的产品是课程》开始，我一边致力于推广这个有利于解放教育和教师的观念，一边揣着“穷则思变”的勇气，探索着“变中求通”的方法，行走在研究和实践上述理念的道路上。几年磨一剑！

2010 年，教育部、财政部启动中小学教师国家级培训（国培计划）。参与该计划，我现场和四川、陕西、海南、宁夏、安徽、云南、重庆的老师晤谈，远程参与广西、贵州的项目的交流。他们提出了成百上千的问题，这些问题反映了校长和老师们的内心渴求。对问题进行研究和整理，我发现大多集中在课程上，这和我这四年的研究与实践高度契合。为了回应和满足一线教师的迫切需要，我大致以这一次和近一年来校长和老师们提出的问题为引子，整理自己对课程问题的研究和实践成果，这就有了“课程建设的问题与解答”。

再说“观课议课的实践与文化”。

曾经接到一位校长的电话，问学校如何改革，教师如何发展。我建议他注意抓住“三愿”：一是“愿心”，要有改善生活、改进教学的愿望和心态，使教学改革和自身发展有动力；二是“愿景”，有一面理想的镜子去照现实的问题，使改革和发展有一个比较明确的方向去追求；三是“愿径”，也就是要寻找大家愿意行走的有效路径，使改革和发展有可靠的方法和路线支持。这所学校正在推进观课议课。校长接着问我：“怎么看待观课议课在学校改革和发展中的作用？观课议课是不是属于‘愿径’的东西？”我说：“一方面，观课议课提供了改进课堂、促进教师专业发展的工具；另一方面，你要知道，变革深处是文化，技术和方法的改变终究是表面的，体现为生活方式的文化观念的变化才是根本。观课议课既解决‘愿径’的问题，更重视‘愿心’和‘愿景’的问题，具有文化性。”

“文”是什么？在古汉字里，“文”是一个壮汉胸膛上的纹饰，纹饰应该具有美感，由此我想，“文”是一种追求美的行动，表达了一种对美好事物的向往。“化”是什么呢？“化”左边的单人旁是一个人，右边的“匕”也是一个人，一正一反，由此我理解，“化”就是改变。文化从动态看，就是用一个美好的东西引起改变。

用什么去“化”呢？用“让我们共同漫游，向那‘产生于上帝笑声回音的，没有人拥有真理而每个人都有权利要求被理解的迷人的想象的王国’前行”促进理解；用“己所不欲，勿施于人”促进宽容；用“己欲立而立人，己欲达而达人”促进成全；用“表达是一种实现，倾听是一种关怀”促进接纳；用“教育需要想象力，发挥教师的教学想象力”促进创造；用成长创造的幸福观促进教师享受“留下生命痕迹”的幸福……

2009年，在我主持召开的第三届观课议课研讨会上，西安市未央区西航三校的与会代表介绍说，几年观课议课下来，学校里的老师“与学生相处时少了一份急躁，多了一份宽容和等待，观课议课让他们懂得和习惯了一个世界有多种声音”，“与同事相处时少了一份挑剔，多了一份相知和欣赏，观课议课让他们了解彼此，知道自己的成长离不开同事的相伴与支持”，“与家长相处时多了一份默契，观课议课使教师们知道只有将心比心，只有换位思考、平等对话，才能达到相互沟通、相互配合教育好孩子的目的”。观课议课使“教师们的心胸变得宽广了，心情变得舒畅了，教育教学水平提高了，教育生活的幸福溢满教师的心房”。观课议课发挥了文化的作用。

赋予观课议课实践方法以内在原则和灵魂，提高观课议课实践的理性和品位，是“观课议课的实践与文化”相关篇什的目标和追求。

"改善生活的实践观"、"以学论教的质量观"、"促进思想的发展观"、"成长创造的幸福观"、"相互滋养的生态观"、"境脉特征的真理观"、"促进理解的对话观"构成了当下观课议课的文化图景和框架。

我知道，"文化"和"课程"是令很多老师头痛的词语。之所以头痛，一方面是因为我们绕不过它们，另一方面是因为它们总给我们一种空洞的感觉。一些朋友跟我说，现在不缺少理论，缺少的是落实理论的策略与方法。我的看法是，这只是问题的表象，问题的根子在于一些理论本身就没有从实践操作的角度提出和论证，因为缺乏这样的基础，理论指导实践的意义和作用必然大打折扣，因此，理论需要有实践的基础，需要定位于服务实践，需要尽可能以实践者能理解和接受的方式表达。在《观课议课与课程建设》中，我在继续实践自己的研究和表达理想。

这一次效果如何？我诚恳地等待您的批评！我的电子邮箱：yizhu28@163. com。我的博客：http：//blog. sina. com. cn/chengduchendawei。

最后，对本书的付梓，我要衷心感谢朱永通先生的鼓励和鞭策；也要感谢《人民教育》、《教师月刊》、《校长》、《班主任之友》等杂志社的一些编辑朋友，书中的观点和文字也得到过他们的指点和批评；我还要感谢一起思考和推动观课议课以及课程改革的朋友们，感谢那些不曾谋面的朋友，你们的问题、经验和文字让我受益匪浅，相信读者朋友们也会从中获益。

陈大伟

2011 年春节

目　录
CONTENTS

上篇　观课议课的实践与文化

改善生活的实践观 / 3

一、教学改革需要改善教师生活的视角和思路 / 3

二、现有教研方式对改善教师生活不“给力” / 5

三、在改善生活中寻找课堂教学研究的动力 / 7

四、改善生活是一个慢的过程 / 8

成长创造的幸福观 / 10

一、为创造开辟教学可能空间 / 11

二、“和而不同” / 12

三、尊重教师创造性实践的专业自主权利 / 15

四、在创造性教学中留下生命痕迹 / 15

促进思想的发展观 / 20

一、“人因思而变” / 20

二、观课议课与教学洞察力 / 26
三、观课议课与教学想象力 / 29
四、教育假设的意蕴和价值 / 32
以学论教的质量观 / 40
一、指导思想：以学论教 / 41
二、方法：从学习效果入手 / 43
三、坐到学生身边去 / 45
四、尊重课堂 / 47
相互滋养的生态观 / 48
一、观课议课的生态发展取向 / 48
二、观课时把自己看成助教 / 51
三、议课时将心比心 / 52
四、在“最近可能区”提建议 / 54
境脉特征的真理观 / 54
一、重视课堂现象和事实 / 54
二、观课议课中的案例研究 / 56
三、进行有主题的课堂教学研究 / 59
四、以境脉特征的真理观看议课、评课和磨课的关系 / 63

促进理解的对话观 / 65

一、提供课前说明机会 / 65

二、建立平等对话的议课关系 / 69

三、用倾听传递关怀 / 71

下篇　课程建设的问题与解答

用课程体现学校和教师的价值/ 75

什么样的课堂是理想课堂 / 90

一、理想课堂是师生共同经历和享受美好生活的课堂 / 90

二、理想课堂是能帮助学生学会生活的课堂 / 92

三、理想课堂是有效教学的课堂 / 92

通向有效教学的基本路径/ 95

一、先学后教，自学领先 / 97

二、不会才教，以教导学 / 100

三、注重优化，体验快乐 / 103

教师如何理解自己/ 104

一、教师的隐喻 / 104

二、成为“明白”的教师 / 112

三、在改革道路上“有所畏”/ 117

四、欣赏脚下的风景 / 118
五、“尽己力而谓之忠” / 119
六、如何理解“只有不会教的教师，没有不会学的学生” / 121
怎样理解学生/ 123
一、用什么视角看学生 / 123
二、怎样激发学生的学习积极性 / 124
三、怎样让学生听老师的话 / 125
四、最好不称呼“差生” / 126
五、如何批评学生 / 128
如何理解环境/ 129
一、要找幸福而不要找不痛快 / 129
二、保持平常心 / 130
三、把一点点微光汇集起来 / 131
四、穷则思变 / 132
如何尊重和热爱学生/ 134
一、学习爱的本领和表达 / 134
二、尊重·责任·爱 / 135
三、爱的修炼两问 / 141

如何理解和实施教学/ 142

一、学生学得好的课才算好课 / 142
二、哪些问题可以当堂处理 / 144
三、如何培养学生的思维能力 / 145
四、吸引学生注意力的最佳方法 / 147
五、注重培养学习能力 / 148
六、提高评价的有效性 / 150
七、牢牢抓住纪律的缰绳 / 152

教师如何有效发展自己/ 153

一、脑袋和时间不够用，怎么办 / 153
二、使自己具有人格魅力和幽默感 / 155
三、这个学科只有一个教师，如何教研 / 157
四、天地万物都是我们成长的导师 / 158
五、教育写作最好言为心声 / 159

怎样提高学校教研的实效性/ 160

一、先让教师自己“醒”过来 / 160
二、研究是为了让生活舒适和美好 / 164
三、观课议课如何与课题研究相结合 / 168
四、教研中的常见问题讨论 / 169

班级管理的问题与讨论/ 171

一、让学生的意见成为共同成长的资源/ 171

二、教师自己的孩子，如何教 / 176

三、新接手班级，怎么办 / 180

四、从公民教育的角度看班干部的产生 / 182

五、家长无理取闹，怎么办 / 185

关于推进学校课程改革的通信/ 186

一、如何推进有实效的教研 / 186

二、怎样培养教师的问题意识 / 190

三、怎样在学校中推进观课议课 / 192

上篇

观课议课的实践与文化

从消极到主动，从封闭到开放，从迷信到解放，从攻讦到共进，从单一到多元，从因循到创造……

观课议课致力于改变，变中求通。

改善生活的实践观

一、教学改革需要改善教师生活的视角和思路

先从这样一个故事谈起：

有一位校长在一次培训活动中，接受了“教师要尽可能地接近学生，缩短与学生的空间距离，因此，可以把教室里的讲桌放置在学生当中”的建议。回到学校后，校长组织全校教师开会，交流了自己的心得和体会，并且征求意见：“我们学校里讲桌的位置能不能变一变？大家能不能把讲桌放在学生当中？”教师们欣然答应，觉得没有什么困难。

第二天，校长巡视，发现所有讲桌都在教室前面，位置没有改变。于是，校长走进其中一间教室，将讲桌搬到学生当中；过了一会儿，他又来到这间教室，发现讲桌回到了原来的位置；后来校长再一次走进教室，发现讲桌又到了学生当中；快要下课时，校长巡视，发现讲桌再次回到了教室前面。

课后，校长叫住了上课的老师：“昨天，你第一个赞成将讲桌放在学生当中，今天你怎么……”老师一脸的尴尬：“不是我不听，在你搬动讲桌之前，我自己就搬动过，但我发现将讲桌放在学生当中，我找不到当老师的感觉了。”

……

在这个故事中，把讲桌搬到学生当中是被接受的，把讲桌搬到学生中间的能力也是具备的，但影响因素是“当老师的感觉”——“改

变我的位置意味着改变我的生活习惯，改变教学意味着改变我惯常的生活”。

这个故事告诉我们：不能把课程和教学改进的问题过于简单化，课程和教学改进的问题是生活改善的问题，生活改善的问题既关乎认识的提高，也关乎技术的改进，更关乎意愿和态度的调整，它是一项综合的改革。

回过头来看一看实施新课程以来教师专业发展的重点，我认为主要经历了两个阶段：

第一个阶段以理念启蒙为重点，以提高认识为主要任务，也就是要“转变观念”，“树立新课程理念”。其目的在于引导教师认识和理解什么是合理的，什么是不合理的，什么是应该的，什么是不应该的，在教学实践中应该追求什么，应该批判性地放弃什么。这是一种乐观和理想的设计。

第二个阶段以模式探索、增强效能为重点，以解决技术和方法问题为主要任务。比如，研究和推广“有效教学”的目的，就在于解决什么方法更有效等问题。这是在仅有观念转变，改革推动不力的背景下采取的举措，以求给教师提供方法和手段上的支持。效果如何呢？不是说没有作用，但总体上还是不尽如人意。

课程改革最终要落实到课堂上，要在教师身上得到体现，下一阶段的关注点会是什么呢？这涉及对教师的认识和假设的问题。我以为，教师既不是工具性的人，也不是技术性的人，他们是有追求和梦想，会算计的生活中的人。

我所展望的第三个阶段以促进生活改善为重点，定位于改善教师的生活质量。从生活改善的角度来看，课堂教学改进不仅需要提高认识，需要技术和方法上的支持，而且需要教师有改善生活的意愿和追求，这是我理解的教师专业发展和课程改革所需要的“三维目标”。

二、现有教研方式对改善教师生活不“给力”

在正常的行课期间，中小学教师几乎每周都要参加一次教研活动，其主要方式就是听课评课。可以说，中小学教师在听课评课上花费了大量时间。不能说听课评课没有效果，但效果是否理想呢？2001 年，我曾经向一位校长提出这样的问题：“现在的课堂教学面貌和三年前有没有明显的变化？”对这个问题，各位读者朋友也可以想一想。

这位校长想了一阵，回答：“运用了多媒体。”现在的问题是，花了那么多的时间，却没有得到我们期望的效果。这就需要对教研方式做出调整和改变。

课堂教学研究的有效性表现在什么地方呢？2004 年，《人民教育》开展了主题为“评课谁说了算”的讨论，这次讨论的关键词落在“谁”上面，讨论的目的是建立一种平等对话的教研文化。我们认为，建立平等对话的课堂教学研究文化固然重要，但从有效性的角度来看，更重要的问题应该是“算”的问题，“算”才是有效教研的核心和关键。

怎样才说得上“算”呢？我们的看法是：中小学一线教师参与课堂教学研究是为了教学实践，是为了改进课堂教学，只有研究的成果实实在在地改进了教师的教学行为，提高了课堂教学的水平和质量，才能够说得上“算”；“用”了才“算”，不“用”和无“用”都不能说“算”，也就是说教研的目的不是写“句号”，而是写“逗号”，它要体现在后续的行动中。

会不会“用”首先取决于听者能否“听”进去和能否接受。一般情况下，人更愿意选择合意（这里不仅指内容的合意，还指言说方式的合意）的东西听，而不是选择不容置疑的东西听。这样，“说”的问题就凸显出来了，“说什么”和“怎么说”就成了需要研究的问题。对于“说”的方式，我们认为“议”的可接受性高于

“评”的可接受性。如何才能更好地“说”呢？这需要以深入的课堂教学研究为基础，以有效的“观”为前提。

立足于“算”的有效性，我们追溯了“用”—“听”—“议”—“观”的关系链条，形成和构建了以观课议课来提高课堂教学研究有效性的观念和操作体系。

现有教研方式不能有效改善教师生活主要表现在以下几个方面：一是花了很多时间做教研，但实际效果不理想；二是教师并不情愿上公开课。

比如，学校要组织一次课堂教学研讨活动，需要一位老师执教公开课，校领导找到了你们组。设想你是教研组长，想象一下怎样去找承担这次公开研讨课任务的教师。

就我原来当教研组长的经验来看，我首先找年轻教师，年轻教师一听就连忙摆手：“我太年轻了，没有经验，不能代表我们组的水平，我建议找有经验的教师执教。”想一想，觉得有道理，我就去找有经验的老教师，老教师怎么说呢？“这样的锻炼机会要给年轻人，我们年龄大了，又不会用多媒体。”最后找到中年教师，中年教师还没等你开口，就开始诉苦：“我上有老下有小，忙得不得了，等我孩子考了大学，轻松一点，我一定支持你。”问了一圈，只能找和自己比较要好的朋友做一番许诺，或者教研组长亲自上。

教师实现课堂教学方面的成长，主要有三种方式：一是自我实践反思，二是观摩学习，三是上公开课。上公开课是教师成长的主要方式，可他们为什么不愿意上公开课？

我曾经访问过一些老师，这些老师总体的说法是“费力不讨好”：花了很多工夫，评课时没有得到实际的帮助，反而受了“一肚子的气”。

在我们看来，对课堂教学的评价和讨论是存在利害关系的。依照利害关系的不同，我们把公开课评价分成两种类型：一种是评人。评课者认为评课就是评人，以课的质量来衡量执教者的水平。

比如，对申报“特级教师”称号的老师，上级会组织一个考察组，进教室听一听课，看他是否有特级教师的水平；至于各级各类的优质课竞赛，最后给的奖状不是奖励这节课，而是奖励执教者。这是一种最具利害关系的评价，一举成名天下知，评上了好处很多，所以即便很辛苦，大家仍巴不得参与其中。第二种是评课，一般出现在学校和区县的教研活动中。“我认为这节课很成功……”、“这不是一节体现新课程理念的课……”、“你的课有这些优点……，还存在一些问题……”，这是常见的评语。这里，尽管评的是课，但课寄托了上课教师的梦想和希望，对课的评价仍然会对上课教师产生情绪上的影响，也存在一定的利害关系。因为可能“费力不讨好”，大家干着干着也就没有多大积极性了。

使大家更愿意上公开课是观课议课的一种追求：不对课下结论，而是对课堂上的某一教学现象、教学情境展开讨论，以此谋求建立更加和谐的教研文化。

三、在改善生活中寻找课堂教学研究的动力

作为教师，我们为什么要致力于改进课堂教学呢？

这里还要请各位朋友想一想：你是怎么看待自己的工作的？工作是为了什么？在做教师培训的时候，我多次问过这样的问题。大多数老师这样回答：“工作是为了生活。”

我们必须承认，这种回答没有错。如果你不工作，吃饭穿衣都可能成为问题。为了生活我们需要好好工作，需要珍惜手中的工作。

但仅有这样的认识是不够的。当我们的认识停留在“工作是为了生活”的时候，我们可能就会渴望找一份钱多事情少的工作；后来发现这样的工作找不到，没办法只能当老师，这时你可能会想：能不能少做一些事情，比如，少教一个班，不当班主任？这也不行，于是退而求其次，希望多放假少上班，工作积极性也不高。如

果我们认为工作只是为了生活，工作就可能成为负担，成为生活中的苦役。

对工作更全面的理解是什么？我以为工作本身就是生活。

怎么理解“工作本身就是生活”？举一个简单的例子，你上了两个小时的课，你有限的生命会不会延长两个小时？恐怕不会。这告诉我们什么呢？工作本身就是生活。我在课堂上站两个小时，我有限的生活就会流失两个小时，因此，我要提高自己的教学生活质量，从而提升自己的总体生活质量和人生质量。同样的道理，学生在你的课堂上度过的仅仅是时间吗？也不是。

你要对自己的生命负责，对学生的生命负责。基于这样的考虑，我们就有责任有义务改善自己的教学生活。

观课议课是什么？它是参与者相互提供教学信息，共同收集和感受课堂信息，在充分拥有信息的基础上，围绕共同关心的问题进行对话和反思，以改进课堂教学、促进教师专业发展为目的的一种研修活动。从本质上讲，它是一种研修活动。“研”是对问题的研究，目的在于解决问题；“修”是修养，“修以期其精美，养以求其充足；修犹切磋琢磨，养犹涵育熏陶”，修养的目的在于自我充实和完善。从目标上看，观课议课一是要改进课堂教学，二是要促进教师专业发展。也可以简单地说，观课议课就是为了人的幸福，为了学生的幸福成长，为了教师的幸福生活。让教师幸福地生活就是让教师的生活有梦想、有追求、有意义、有创造、有痕迹、有质量。这是我们的目标，也是我们的动力源泉。

四、改善生活是一个慢的过程

我曾经收到一位朋友的邮件，他是观课议课的组织者。他说：“我们在观课的时候重点观察了学生的表现，以及教师针对这个主题所做的设计。课后大家一起议课，看上去好像有模有样，但是我们发现，议课的层次比较低，大家泛泛而谈，新的做法或者说更深入的讨论几乎没有。我们该怎么办?”

该如何看待这样的问题呢?

首先，教研方式的改变也是一种生活改善。改善生活不是一件容易的事，需要一个理解和接受的过程，需要等待。我以为，观课议课就是一种提高教师专业素质、改进课堂教学的工具，有如一支毛笔。有了毛笔是不是就一定能写出好字，画出好画呢?未必。学会用毛笔很简单，可用毛笔画出美丽的图画却不容易，这是一个积淀的过程。同理，要更好地理解教学，更有效地实施教学，就需要教育理论素养和教育实践经验的积淀。深刻地认识和理解课堂教学，多么不容易啊!有谁能说“我已经深刻地认识和理解了课堂”?恐怕没有。这需要一个过程，需要积淀，而且没有终点。我想大家需要做这样的思想准备。

其次，议课层次比较低。其实，评课中也存在层次低的问题，只是观课议课出现以后，大家更加关注教研活动的质量了，这个问题就显现出来了。提出这个问题意味着大家的质量和效益意识增强了，这本身就是一种可喜的变化。另外，批评容易建设难，评课主要是批评，议课则定位于建设，这需要一些新的本领，是一个学习、研究和实践的过程。以话语的改变为例，评课时可能说“这不利于合作学习”，这是批评的话;议课时不仅要讨论是否有利于合作学习，而且要讨论如何做更有利于合作学习，也就是不仅需要在讨论中加深理解，而且需要发展和建设。

再次，这主要是如何改进的问题。对于“观”的本义，龚鹏程在《文化符号学导论》中提出:“观如鹤鸟飞在天上，足见天地之大，品汇之众。”“飞在天上”就是指要站得高。这里的“高”是什么意思呢?就是要有一定的理论素养和积淀，最好有自己的教育哲学作支撑。我把教育哲学看成教育工作者在对教育根本问题进行终极追问的过程中形成的认识和见解。教育哲学形成于终极追问，来源于阅读和比较。比如，1976 年，联合国教科文组织在《国际教育标准分类》中这样定义教育："教育是有组织、有目的地传授知识的工作。"1997年，该文件得以修订，教育的定义变成了"教育是能够导致学习的交流活动"。有了这个基础，我们认识和理解教育就有了更合理的方向。再如，英国教育哲学家彼德斯认为"教育"的核心标准和基本用法包括以下内容：在具体目标上，教育所获得的"成就"必须是"善的"和"有价值的"；在终极目的上，教育必须帮助人们获得健康的"生活形式"，树立一般的世界观，而不局限于纯粹功利或职业的达成；在方法上，取得成就的教育方式必须是"道德的"或"无可非议的"；在过程中，教育必须是有利于学生自主性的确立和发展的。这些观点和看法都有助于我们思考和追求好的课堂教学。

修炼观课的慧眼的同时还需要修炼关注人生的"慈心"。我在教育实践和研究中，有一个最深切的体会，那就是如果没有一颗爱大众之心，没有对学生现有课堂生活苦痛的深切同情和关怀，没有改造现有课堂现状、促进学生和自己幸福生活的使命担当，我们就会对课堂的不合理现象麻木，就会无动于衷或听之任之。一个麻木、无动于衷的人不可能对课堂教学中的问题和现象敏感，不可能在教学中获得新的发现。

成长创造的幸福观

恩格斯指出："每一个人的意识或感觉中都存在着这样的原则，它们是颠扑不破的原则，是整个历史发展的结果，是无须加以证明的……例如，每个人都追求幸福。"

改善生活是为了让生活更幸福，幸福是人生活的终极目的。赵汀阳在《论可能生活》中指出，"幸福生活只能是一个由人所创造的具有永恒意义的生活。所有幸福都来自创造性生活，重复性活动只是生存”。对于教师在课堂教学中的幸福生活，我们具有以下理想和想象：课前有期望，老师因为对自己的教学创造充满信心而盼望上课的铃声响起来，盼望着走进教室；课中有创造，教学过程中得心应手并能创造性地回应教育事件，能高质量地完成教学任务；课后能审美，对课堂教学进行回望和审视，能获得符合或超出期望的愉悦体验，这包括对自身能力的实现和发展的审美，以及对教学的劳动过程和劳动效果的审美。归结起来，我们认为，幸福的教师生活来源于创造性的劳动和对创造性劳动的审美性体验。

一、为创造开辟教学可能空间

赵汀阳认为，真正能够保护一个人的自由的不是权利而是权力。权力是权利的实现方式，是权利的完成状态，如果权利不能实现为权力，权利就是一个没有完成的目标。自由是这样，创造也是这样，当创造不能实现或未被实现的时候，创造只是一种权利。创造权利实现为创造权力，我们认为需要满足三个条件：一是当事者有创造的意愿；二是有进行创造的可供选择的自由机会；三是有创造性劳动的能力，能清晰地预测行为的效果，有能力控制和影响教学事件的变化，有能力承担相应改变带来的结果。

创造需要可供选择的自由空间。金观涛在《控制论与科学方法论》中说：“我们将事物发展变化中面临的各种可能性集合称为这个事物的可能性空间。”“控制的条件主要有两点：一是被控制的对象必须存在着多种发展的可能性；二是人可以在这些可能性中通过一定的手段进行选择。”我们生活在可能性的空间里，行走在可能性的生活道路上，可能性增大，意味着自由和创造的机会增大。

观课议课致力于解放拓展空间。这种解放既有对自身经验的解放，又有对专家权威话语的解放，还有对现有课堂教学实践的解放。解放不是简单的否定，而是在理性地审视和批判的基础上发现新的可能，扩大可供选择的创造空间。

议课与我们平常所说的磨课不同。磨课是指大家坐在一起，探讨更加有效的方法路径，使课堂教学更流畅、师生关系更默契、教学效果更理想，这样的过程可以说是“多中求一”。议课是从这一课出发，通过对课堂上的事实和现象进行多角度的认识和理解，在参与者充分发挥教学想象力的前提下，探讨出更多的教学可能来，这样的过程可以说是“一中求多”，目的是拓展选择空间。

讨论新的可能并不是简单地否定现有实践，议课不是追求单一、权威的改进建议，而是讨论和揭示更多的发展可能以及实现这些可能的条件和限制。譬如，认识和了解煎、炸、炒、蒸鸡蛋的方法，不是否定煮鸡蛋的方法，只是多提供了一些选择，以满足不同消费者的需要。

二、“和而不同”

“和”意味着和谐，它是差异中的谐动和一致；“和”还意味着和睦，彼此在友善和关爱中共生；另外，“和”也指合作，不仅意味着共同担当，也意味着在活动中互相帮助。在观课议课中，“和”是一种方式，“和”是一种氛围，“和”是一种力量，“和”也是一种境界。“和”是观课议课取得高质量和高效益的土壤，也是观课议课试图达到的一种境界。

“不同”指与周围的人保持和谐融洽的关系的同时，对任何事情都要进行独立思考，不人云亦云，不盲目附和。观课议课尊重和张扬人的理性和自由精神，通过“求不同”的策略进行教学创新。“求不同”指鼓励参与者发出不同的声音，尊重他人不同的方式，理解他人不同的表达，接受没有标准的不同的结果。“投石击破水中天”，只有尊重不同的观点和经验，才能刺激和引起对原有经验的反思和改造。观课议课的效益源于相异的信息刺激以及由此激荡开来的讨论和反思，这可以避免权威、单一的意见扼杀课堂教学研究的生机和活力。

发现新的可能需要运用不同的视角，爱德华·德·博诺博士提出了思考问题的“六顶帽子”（白，红，蓝，黄，黑，绿）。观课议课时常戴“三顶帽子”（黄，黑，绿），从不同角度理解和发现课堂。

“黄帽子”是肯定的，它代表着乐观主义的判断，主要思考的问题是“这样教学的好处是什么？合理性在哪里？积极因素是什么？”。“黄帽子”给人阳光灿烂的感觉，“黄帽思维”能帮助我们获得教学信心，积淀教学勇气。

“黑帽子”是质疑和否定的，思考的问题是“这样教可能出现的问题是什么？风险有哪些？有什么问题是被我们忽略的？”。在时间和生命有限的背景下，可以说任何教育都是有缺陷和存在问题的。“黑帽思维”使我们审慎地对待教育，仔细地权衡教育，在决策和实践时尽可能地追求教育利益最大化和教育损害最小化。

“绿帽子”是新的发现和选择，着重关注“除了现有方案，还有没有其他更好的选择？我们能不能以其他方式来做这件事？有没有另外的解释？”等问题。“绿帽思维”是“黄帽思维”和“黑帽思维”的延续，是对新思路的探询和发现，具有创造性。

“三顶帽子”的思维使我们对课堂教学保持开放和审视的态度，它强调在认清“正”（黄帽子）和“反”（黑帽子）的种种可能后，从中寻求新的发现。这样研究和发现课堂的方式既可以用于同事之间的观课议课，也可以用于缺乏他人支持的教师个人的自我反思。

举一个例子，我执教《林海》时，学生提出了这样一个问题：课文中的“青松作衫，白桦为裙，还穿着绣花鞋”是什么意思？这个问题课前我没有想过，但我当过地理教师，知道植物群落的垂直分布特征，于是在黑板上勾画出一幅简笔画，把不同高度的植物群落标示出来（如图1）。

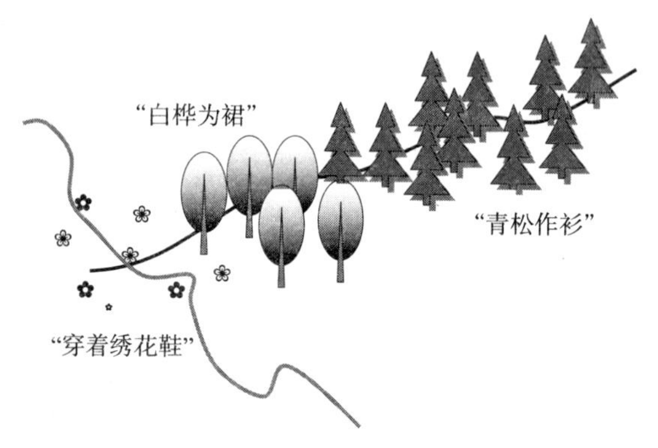

图 1　兴安岭的植物群落示意图

课后用“黄帽思维”反思，我很得意，觉得这样的图可以让学生直观地了解到植物的垂直分带。

用“黑帽思维”反思，我发现这是一个败笔。“青松作衫，白桦为裙，还穿着绣花鞋”本是用拟人的手法写小兴安岭的温柔美丽，我在实际教学中用还原的处理方式，让对小兴安岭的美好想象变得直白和无趣，这是用科学的方式在处理文学，用教地理的方式在教语文。

下次遇到这样的情况该怎么办？用“绿帽思维”寻找新的出路。画图是有必要的，这可以让学生知道作者所写的境况，但又绝不能就此停下来，还要提出需要讨论的问题：老舍先生为什么不写“山顶是青松，山腰是白桦，山脚有小花”，而是写“青松作衫，白桦为裙，还穿着绣花鞋”？阅读的感觉有什么不同？效果有什么不一样？作者想表达什么？通过讨论和再读，学生就有可能体会作者的心情，生出对文字的敬意，并从文字中获得更加美好的想象和感受。

“三顶帽子”的思维方式，使未来的教学产生了一种新的可能，于是未来的教学就有了新奇，新奇的生活会产生新的期盼。经验告诉我们：有期盼的生活是一种值得向往的幸福生活。

三、尊重教师创造性实践的专业自主权利

赵汀阳在《论可能生活》中说："伦理学不能提供高于自由的原理，而仅仅是为每个人着想而去揭示对每个人有意义的真理。'为每个人着想'意味着尊重每个人的自由选择。而且把有利于每个人的真理摆在每个人面前，如果有人不想要，那他就可以不要。"多样性是选择性的前提和基础，由谁来选择和决定呢？我们主张把选择的权利留给教师自己，而不主张替他人做主。这样思考首先是因为教师是专业工作者，他有权利也有责任为自己的专业生活做主。其次，我们需要对教师抱有这样的积极假设：在条件允许的范围内，每个人都愿意过更有意义的生活，每个教师都愿意让自己的学生学得更有成效，教师是愿意选择更好的课堂教学生活的。

我们应促进教师享受成长和创造的幸福，下图可以表达其中的机理。

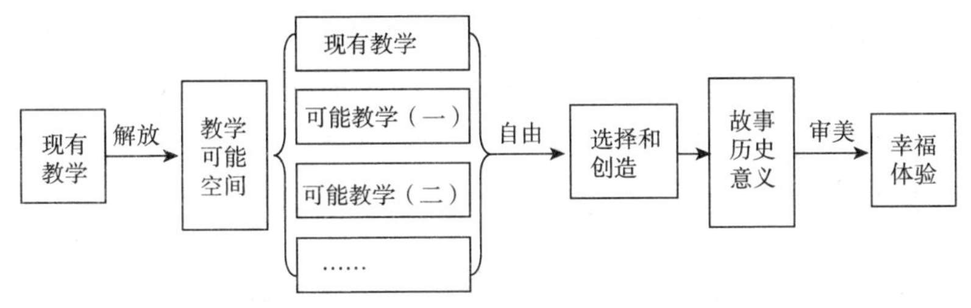

图 2　教学的创造机理示意图

四、在创造性教学中留下生命痕迹

有一首歌《最浪漫的事》是这样唱的："……我能想到最浪漫的事，就是和你一起慢慢变老，一路上收藏点点滴滴的欢笑，留到以后坐着摇椅慢慢聊……"教师能够想到的最幸福的事是什么？我以为是"教育生命中有过超越和创造，一路上收藏点点滴滴的创造，留到以后坐着摇椅慢慢回味和咀嚼"。这是我在上《匆匆》的时候获得的人生启示。

曾经听过一位老师上《匆匆》，课堂上，有一个学生提出这样一个问题：“老师，课文中有‘我留着些什么痕迹呢？我何曾留着像游丝样的痕迹呢’的句子，这里的‘痕迹’是什么意思？”在观察上课教师如何处理的同时，我思考着假如我是上课教师该如何处理。

第一节课是观课，第二节课是议课。议课时，我说了几次“这个地方如果我来教……”。上课教师是我的一位朋友，她知道我愿意上课，于是就说：“陈教授，你说了那么多‘假如我来教’，不要只是假如，干脆给我们上一节怎么样？我们可以给你留一个班，你什么时候准备好了就来上。”我一想有道理，不如当天上。接下来，我用两课时和同学们一起学习了《匆匆》。

第三节课，我主要引导学生认识生字，熟读课文，并就重点句子与段落和同学们进行了讨论。

第四节课，我请同学们仔细读课文，并勾画出自己还不理解的句子和词语，然后大家一起交流。第一位同学提出了这样的问题：“‘我不知道他们给了我多少日子’中的‘他们’是指谁？”这是一个我没有想过的问题，而且也不好处理，我想，干脆先听一听学生的意见。

师：你们认为这里的“他们”可能是指谁？

生1：我想应该是父母吧？

其他同学：不对，父母知道我们何时出生，他们也不知道何时死亡。

师：那你们认为这里的“他们”是指谁？

生2：可能是指上帝。

生3：在西方是指上帝，在中国可能是指阎王爷。

（生笑）

师：也许吧！

反思：这个地方用“也许”我以为很恰当。对这个问题现在一时也说不清楚，既然说不清楚就不说清楚，这样反而会埋下探究的种子，说不定有学生就会想，“这么重要的问题还没有人能解决，我来思考一下”。由此研究“人从哪里来”、“人到哪里去”、“人的生存和死亡是怎么一回事”等问题。这可能让学生走上哲学家、宗教家或神学家的道路。

第二位同学提出的问题是：“文中有两处提到‘痕迹’，‘痕迹’是什么意思？”因为早有准备，我内心不慌。围绕这个问题进行教学，教学进程大致如下：

> 师：“痕迹”是什么意思呢？请大家先查一查字典。
>
> （生查字典并交流）
>
> 师：（在教室里走了几步，看着脚下）下雨天如果我在泥地里行走，我留下的脚印就是——
>
> 生：痕迹。

反思：当时认为这样教学很不错。后来想一想，觉得不理想，让学生用一个东西在纸上画过，让他们知道这就是痕迹似乎更好。

> 师：那文章中的“痕迹”是什么意思呢？有一位著名的相声演员，说了一段非常有名的相声《逗你玩》，你们知道他是谁吗？
>
> 生：知道，是马三立。
>
> 师：那你们知道他为什么取名为马三立吗？
>
> 生：不知道。
>
> 师：有一次，一位记者采访马老先生，问他的名字“马三立”是什么意思。马老先生说古人有“立德、立功、立言”三不朽的说法，他的父母期望他成为对社会有贡献的人，所以给他取名“马三立”（板书：立德、立功、立言）。立德、立功、立言是指做出大贡献、留下大痕迹。可以说，《逗你玩》就是

马三立先生留下的痕迹。

我们来看第一段——燕子去了，有再来的时候；杨柳枯了，有再青的时候；桃花谢了，有再开的时候。大家读一读，想一想这几句说明了什么？

生：（先读后交流）说明它们有再生和重复出现的本领。

师：燕子、杨柳、桃花可以再现和再生。想一想，人能不能够“再生”？

生：不能！

师：（坚定地）能！

（同学们很吃惊）

师：“逗你玩”。

（生哈哈大笑）

师：大家是不是以为我在逗大家玩？我要告诉大家的是，老师没有逗大家玩。你们看，马三立先生死了，他的作品留下来了，当我们听《逗你玩》的时候，当我们用他的语气说“逗你玩”的时候，你们会不会想起他？

生：会！

师：看，这不就唤醒他了吗？他不就在我们心中再生和再现了吗？想一想，我们可以以怎样的方式再生？

生：留下痕迹！

师：请大家读一读第二自然段。

生：（朗读）我不知道他们给了我多少日子；但我的手确乎是渐渐空虚了。在默默里算着，八千多日子已经从我手中溜去；像针尖上一滴水滴在大海里，我的日子滴在时间的流里，没有声音，也没有影子。我不禁头涔涔而泪潸潸了。

师：想一想，“八千多日子已经从我手中溜去”，“没有声音，也没有影子”，也就是说没有留下什么？

生：痕迹。

师：意识到过去的生命中没有留下痕迹的时候，作者的心情是怎样的？

生：头涔涔而泪潸潸。

师：这是指心情吗？

生：（交流后回答）后悔、紧张、害怕。

师：对，因为没有留下痕迹，作者对过去的生命感到后悔，对未来感到紧张……

过去的已经过去了，现在该怎么办呢？认真读一读第三自然段，想一想作者想干什么？

生：（读后回答）想挽住过去的时光。

师：能挽住吗？

生：不能。

师：渴望挽住但又不能挽住，这是一种怎样的心情？以你体会到的心情再读一读第三自然段。

（生再读第三自然段）

师：现在来看第四自然段，这一段几乎都是问句。请一位同学来读一读，其他同学可以想一想作者用几个问句想说什么。

生：（朗读）在逃去如飞的日子里，在千门万户的世界里的我能做些什么呢？只有徘徊罢了，只有匆匆罢了；在八千多日的匆匆里，除徘徊外，又剩些什么呢？过去的日子如轻烟，被微风吹散了，如薄雾，被初阳蒸融了；我留着些什么痕迹呢？我何曾留着像游丝样的痕迹呢？我赤裸裸来到这世界，转眼间也将赤裸裸的回去罢？但不能平的，为什么偏要白白走这一遭啊？

（学生对问题一时还无法回答）

师：大家可以讨论讨论，并结合前面几个自然段来考虑。

（生讨论并交流，师引导生认识到：时光匆匆，是留不住的。怎么办呢？不能白来一遭，要为生命留下痕迹）

师：现在大家读一读最后一个自然段。然后想一想，告诉我：我们的日子为什么一去不复返呢？

（生交流，师引导生得出答案：日子一去不复返是因为没有留下痕迹，如果留下了痕迹，过去的日子就可能在回忆中被唤醒）

……

（临近下课）

师：现在大家闭上眼睛想一想，我们一起上了两节课，度过了80分钟，留下了什么痕迹呢？如果你什么也没有留下，我要说，你白来了一遭。

……

各位朋友，请您回过头看一看，过去做教师的日子里，您留下了什么痕迹？如果什么也没有留下，那您是不是白来了一遭？

再请您往前看一看，未来的日子里，您准备留下什么痕迹？将如何留下自己的痕迹？该如何避免在回首往事时因为没有留下痕迹而“头涔涔而泪潸潸”？

观课议课致力于帮助教师创造幸福的生活，使教师留下自己的痕迹！

促进思想的发展观

一、“人因思而变”

招商银行曾经有这样一则广告：“山因势而变，水因时而变，人因思而变，我因你而变。”我很赞成“人因思而变”的说法。

在《现代汉语词典》中，“思想”可用作名词和动词。用作名词时有两种含义：一是“客观存在反映在人的意识中经过思维活动而产生的结果”；二是“念头，想法”。用作动词时，指“思量”。把“人因思而变”中的“思”理解为动词更为妥帖。

对于教师的成长和改变，我以为，更有价值的做法不在于提供作为结果的思想，而是引起他思想，促进他思想。如果教师们都积极主动地研究和发现更合理、更有效的教学实践，那么教师的专业发展和课堂教学改革就会比预期的更理想。

（一）为什么要思想

对于思想，法国哲学家帕斯卡尔的声音振聋发聩：“我们全部的尊严就在于思想。正是由于它而不是由于我们所无法填充的空间和时间我们才必须提高自己。”“能思想的苇草——我应该追求自己的尊严，绝不是求之于空间，而是求之于自己的思想的规定。我占有多少土地都不会有用；由于空间，宇宙便囊括并吞没了我，有如一个质点；由于思想，我却囊括了宇宙。”我们需要用自己的思想形成人的伟大，赢得人的尊严。

教师经常与学生打交道，学生还未定型，个性多样化，这使教师的工作情境充满了复杂性和流变性。对此，苏霍姆林斯基曾经有过这样的感受：“教育，就其广义的理解来说，这是一个受教育者和教育者都在精神上不断地丰富和更新的多方面的过程。同时，这个过程的特点是，各种现象具有深刻的个体性：某一条教育真理，在第一种情况下是正确的，在第二种情况下是无用的，而在第三种情况下就是荒谬的了。”因为任何观点和技术在具体的实践面前都有“有用”、“无用”、“荒谬”的可能，所以，你不能照搬别人的做法，必须研究你的实践情境，根据实践情境做出比较、判断和选择，这样的过程就是让思想成为行动、动脑子和做研究的过程。从这种意义上讲，教师本身就应该是研究者。就我看来，让思想成为行动体现了一种负责任的态度：对自己负责，对学生负责，对教育负责。

和现在的老师们交流就会发现，可以说没有不说自己辛苦，不说自己忙的。教师为什么忙？社会、学校、家长、学生带给教师的压力越来越大，教育的要求越来越高，这是导致教师工作辛苦的主要原因。除此之外，我想，也有教师自身的原因。

我们可以把教师的劳动分成这样几种类型：一种是体力密集型，他们起早贪黑，加班加点，付出了很多体力，但动脑子不够，考虑得不充分，老师辛苦学生受累。一种是技术密集型，他们的方法和手段多，但至于为什么选择这些方法和手段自己却没有想过，因而方法运用缺乏统率，各种方法和手段之间存在不自洽性，有人说这样的教师"思路不清方法多，方向不明干劲足"。还有一种是智慧密集型，他们在不断地质疑，又在不断地体悟，在质疑中改进，在体悟中创造，聪明地干活。思索本身就意味着追问，每一次追问都蕴涵着艰辛的求索，每一次回答都可能是对自己的一种超越，他们在成功而有效地工作着。现在，我们需要让思想成为行动，需要从体力密集型、技术密集型向智慧密集型转变。

（二）思想什么

尼采在《我为什么这样聪明》一文中这样说："为什么我知道的比他人多，我究竟为什么这样聪明？我从来没有想过那些不成其为问题的问题——我从未浪费过我的精力。"人生是有限的，人的精力也是有限的，人生充满了选择，要懂得放弃。什么东西都要不可能，同样，什么东西都想也是痴心妄想。有些东西，想也是白想，于是干脆放弃，不要去想不是问题的问题。

但什么都不想也不可能聪明。"我从来没有想过那些不成其为问题的问题"这句话的潜台词是"该我想的问题我一定要想明白"。专注于某些问题，放弃不需要自己考虑的东西，坚持下去，我想，我们不期望像尼采一样说"我究竟为什么这样聪明？"，但或许可以说"我在变得聪明"。

“我思故我在”，人活着总是会思考的。现在的问题是，一些教师在思考着教育以外的事物，可以说是好的思想者，却并不是好的教育思想者；他们或许把个人和家庭生活考虑得十分周到，对教育却无动于衷，缺乏思考。

教师被寄予专业工作者的厚望，要争取专业自主的权利，体现专业工作的尊严，没有对教育生活的深入研究是难以实现的。孔子说：“古之学者为己，今之学者为人。”“为己”之学、“为己”之思首先还是要切近自己的工作，切近自己的实践，做一番改善实践的思考和研究，并在研究中改善自己的实践。其次，要把自身纳入思考的范围，研究自己一番，改善自己一番，发展自己一番。研究自己不仅是为了发展和实现自己，同时也是为了了解和接纳自己，以谋求自身认同和自身完整，寻找教学勇气。帕尔默说：“真正好的教学不能降低到技术层面，真正好的教学来自教师的自身认同与自身完整。”

（三）如何思想

有了思想的积极性和专注的思想对象以后，我们需要研究思想的有效性。

1. 经验之思

对于教师专业成长，我们耳熟能详的是波斯纳的教师成长公式：教师成长 = 经验 + 反思。对于这个公式，人们关注较多的是反思，因为大家知道波斯纳对此的陈说，“没有反思的经验是狭隘的经验，至多只能成为肤浅的知识。如果教师仅满足于获得的经验而不对经验进行深入的思考，那么他的教学水平的发展将大受限制，甚至有所滑坡”。

问题是：要反思的经验从何而来？我们又如何获得经验？

这里就涉及对经验的认识和理解。用作名词时，经验是一种结果，它是经历某事以后获得的做某事的知识和技能；用作动词时，经验是一种行动，它是获得知识和技能的过程。杜威说："一个孩子仅仅把手指伸进火焰，这还不是经验；当这个行动和他遭受到的疼痛联系起来的时候，这才是经验。从此以后，他知道手指伸进火焰意味着烫伤。"仅仅有"手伸进火里"的行动和"手被火烫伤"的行动结果并不是经验——"单纯活动，并不构成经验"，由此知道"手指伸进火焰意味着烫伤"才是经验。"知道"意味着发现。发现什么？发现行动和行动效果的关联，发现关联意味着获得经验。用这种关联指导未来的实践——"以后不把手伸进火里"，经验就有了意义，经验就发挥了应有的指导实践的作用。发现行动和行动结果的关联，用获得的这种关联设计和规划未来，这是一种获得经验之思。从这种意义上说，经验和思想具有一定的同一性，获得经验的过程就是思想的过程。

获得经验需要实践，但有实践未必能获得经验。实践中我们发现，有些工作三四年的教师比有些工作一二十年的教师更会教书。对那些工作了很长时间依然缺乏有效教学经验的教师进行观察，我们会发现，尽管他们有形成经验的丰富材料——"行动"和"结果"，但他们缺乏建立"行动"和"结果"之间联系的主动性。由于缺乏获得经验之思，他们既没有从教学经历中获得"教"的知识与技能，以改进自己的教，也没有获得"学"的经验，以帮助和指导学生学。主动进行获得经验之思，可以说是教师成长的一个基本条件。

2. 反思之思

经验是基础，经验是重要的，但未经反思的经验可能是肤浅、狭隘和错误的。如果说经验的对象是行动和行动结果，经验的目的在于认识它们之间的关系的话，反思的对象则是经验，反思的目的在于审视和批判经验，使经验变得合理而有效。我们可以把改造经验的思考看成反思经验之思。

如果我们把"天不过井口那么大"看成青蛙的经验，要改造这一经验，跳出井口自己观察不失为一种有效的途径。现在的问题是，青蛙何以想到跳出井口？在这里，小鸟就成了推动者，是小鸟的“天大得很”引起青蛙对原有经验的怀疑。小鸟是新经验的提供者。由此看来，反思需要“小鸟”的不同经验的刺激和对照。定位于不同经验的提供者，我们可以说，书本是“小鸟”，周遭世界的新事件是“小鸟”，周围他人的不同意见是“小鸟”，自我批判意识带来的不同发现也是“小鸟”……。要改造我们的经验，需要寻找自己的“小鸟”。要促进他人进行经验改造，我们又要成为善于促进他人反思的“小鸟”。

3. 教育哲学之思

经验之思和反思之思固然重要，但对为什么要运用这些经验，如何统率自己的经验的思考更为根本。我把对教育根本问题进行终极的价值追问看成教育哲学之思。比如，天天和学生打交道，我们不妨问一问什么是学生？学生学什么？教师教什么？

对这些问题进行追问，我找到了这样的答案：狭义的学生是在学校里，在成人和老师的帮助下，学习生存的本领，获得生活的智慧，体验生命的意义、价值和尊严的人；学生到学校里来是学“生”的，而不是学“考”的；教育是“育人”的，而不是“育分”的。想清楚了这样的问题，我找到了教什么和学什么、怎么教和怎么学的内在依据，从此不再做随风飘零的浮萍，开始脚下有根、心中有魂的教师生活。这也使我找到了统领各种经验和方法技术的“帅”。

4. 类比之思

类比之思指采用联想和类比的思维方式。比如，“揠苗助长”本说农业生产中的事：助长如果采用了揠的方式，就违背了苗的生长规律，其结果往往南辕北辙，贻笑大方。类比之思使我们意识到：在教育教学的实践中，如果违背了儿童身心发展的规律，急功近利，其效果也会适得其反，欲速则不达。

在日常教学中，常见的类比方式是先提供一种比较性材料，这种比较性材料与新学习材料具有某种相似或相反的性质，它对学习新材料起到“提供基础，搭设桥梁”的作用。如，学习电流从高压流向低压这一性质时，可以先提供水从地势高的地方流向地势低的地方的材料和经验，让学生通过类比，辨别异同，理解新的学习材料。

类比之思拓展了教师的专业成长空间，开辟了工作学习生活一体化的成长道路。我们可以从万事万物中领悟教育，向生活学教育。同时，类比的方式也提供了教育表达和理解的一种更为生动的样式——教育故事和教育隐喻。

二、观课议课与教学洞察力

亲爱的老师，我想问您几个问题：在平常听课时，您在干什么？听课本身会让您觉得累吗？

如果您的回答是“我觉得很累”，那么，您是一个对自己的教学生命质量负责任的老师。

为什么这样说呢？在课堂上常常可以发现这样的现象：有的老师在开课后的一两分钟会觉得累，因为他们要填写诸如“某年某月某日听某人在某班上某课”的信息；下课前的四五分钟也比较累，因为要写诸如“两条建议”、“两个要改进的地方”之类的意见；课中，他们会拿出备课本匆匆备课，会批改作业，还有的会肆无忌惮地交流“你这件衣服好看，多少钱一件”、“我穿这样的颜色，好看吗”等问题。

我们认为，这样做只是为了应付听课检查，这是一种对学生、对自己不负责的行为。

作为观课议课的参与者，我们进教室去干什么？有些朋友的想法可能是“我去帮助上课教师”。我们认为，首先要定位于自助，然后才是帮助别人。这样就转换了视角：观课不是千方百计地发现别人的优点，批评别人的问题，而是把自己投放进去，寻找对自己和他人有价值、有帮助的思路和做法。无论自助还是帮助他人，都需要改变只填写听课记录等以备检查的行为，而要在观课议课过程中积极有效地思考。

观课，实际上是观察课。对于观察，孔子说要“视其所以，观其所由，察其所安”，这样才能真正理解他人——“人焉廋哉？人焉廋哉?”。对于视、观、察，皇侃在《论语义疏》中这样解释：“视，直视也。观，广瞻也。察，沉吟用心忖度之也。即日所用易见，故云视。而从来经历处，此即为难，故言观。情性所安，最为深隐，故云察也。”邵雍在《观物篇》中说：“夫所以谓之观物者，非以目观之也；非观之以目，而观之以心也；非观之以心，而观之以理也。”先哲们提醒我们，观察是离不开思考的。

观课时思考什么呢？就我看来，首先要洞察教学行为、教学效果和教学设计之间的关系，认识了这些关系，也就获得了经验。

（一）洞察教与学的关系

走进教室，我们很容易把目光放在教师教的行为上，我们主张把教的行为与学的行为、学的效果结合起来，思考它们之间的关系。

（二）洞察教学行为的追求和依据

观察教的行为时，还要思考授课教师的行为背后的教学理念和教育追求，读懂这种行为背后的想法。

有一个“东施效颦”的成语故事：西施的邻居东施，觉得西施捧心蹙眉的娇态很好看，于是也学西施捧心蹙眉，结果把村里的人吓得都不敢出来，留下了笑话。东施为什么会贻笑大方？这是因为她觉得西施皱眉头的样子美，但不知道为什么美。

课堂观察和学习中有没有这种东施效颦的现象？我认为是有的，

其表现就是只知道教的行为很好，却不想别人为什么这样教，别人是如何思考和决策的。

如何避免东施效颦呢？在观课时读一读执教者的理想和追求，思考一下教学行为的背景和依据。读懂了背后的东西，真正消化了他人的做法，自己今后用起来才可能形神兼备，自然流畅。我们来看一个例子：

一位小学老师走进教室，准备讲解“热胀冷缩”。

老师举起一瓶橘汁，大声问：“同学们，你们看，这是什么？”

（目的：引起学生的注意）

同学们回答：“橘汁。”

老师接着问：“看到这瓶橘汁，你们想研究什么呢？”

（目的：引起探究兴趣，激发学生的好奇心，形成关注焦点）

同学们纷纷回答：“我想研究橘汁为什么是甜的。”“我想研究为什么用玻璃瓶装橘汁。”“我想研究橘汁为什么是黄颜色的。”……

看学生没有说到点子上，老师左手拿着瓶子，右手大拇指和食指平行张开，在瓶子没有装满的位置比划了一下。

同学们说：“老师，我们想研究玻璃瓶为什么没有装满橘汁。”

（这是“组织指引”环节。有很多问题学生现在还不能研究，考虑到教学目标，有的问题不能放在这一节课中研究，教师需要对教学进程和内容进行适度控制。在这里老师通过比划完成了“组织指引”）

老师说：“这节课我们就来研究玻璃瓶为什么没有装满橘汁。请大家想一想，除了橘汁，还有哪些东西不会装满？”

同学们纷纷回答：“酒不会装满。”“还有醋。”“还有煤油。”……

（这个环节叫做“建立联系”。它使学生意识到，这不是个别现象，具有普遍意义，体现了教学的延展性，为学生理解类似问题打下了基础）

显然，我们不能上什么课都照着这个案例的程序和方法去做，不能简单模仿。观课时要透过这些行为明白这样的道理：在“教学导入”环节要引起学生注意，激发其探究兴趣，在“组织指引”环节要揭示教学任务和目标，在“建立联系”环节要使学生明白知识的价值等。“外行看热闹，内行看门道”，只关注行为是在看“热闹”，读懂了行为背后的依据和假设，能够为我所用，才算看出了“门道”。

三、观课议课与教学想象力

读者朋友，请您想一下：什么样的情况下您听课最认真，收获最大？

我的回答是：在我马上也要上这一课的时候，我一定高度集中注意力听课，不放过任何一个有意义的细节，并且会让自己的大脑高速运转起来，思考哪些东西可以借鉴，该怎样改造教学。

（一）设想自己执教会怎么处理

提高观课效益，需要观课者积极主动地思考：假如我来执教，该怎么处理？这种状态和思考会使观课者不做旁观者，而是置身其中，使观察和研究一节课的过程真正成为观课者学习、准备这节课的过程。有了这样的基础，一方面，万一要观课者自己教，观课者不会手忙脚乱；另一方面，可以防止在议课时空谈理论，使改进教学的意见具有可操作性，从而真正对教学实践产生影响。

在河南省济源市实验中学观察张老师上《爱莲说》的时候，我发现有学生提出这样的问题："'中通外直，不蔓不枝'是什么意思？"我一边观察张老师如何处理这个问题，一边想学生为什么会提出这样的问题，如果我来教，该如何处理。想了一阵，我得出的答案是：北方地区气候干旱，有的学生可能没看到过莲。如果我来执教，我会画出凸现莲藕的生长环境和生态特征的简笔画，然后以此为线索展开教学。我在观课记录本上画了简笔画，自己觉得勉强可以看明白，于是就想试一试。第二节课，在另外一个班上，我进行了这样的教学：

师：我们要学习《爱莲说》，先来看一看莲的生长环境和形态。（边说边画出莲的简笔画，并向学生介绍）这是水面，这是水面以下的淤泥。这是什么？

生：莲藕。

师：莲藕生长是淤泥中，课文中有一句——

生：出淤泥而不染。

师：这是荷花，你们知道荷花都有哪些颜色吗？

生：红色、白色。

师：对，白色给人非常纯洁的感觉。我们来观察它的茎干，你们知道它有什么特点吗？

生：非常直，而且中间是空的。

师：课文中哪一句是写茎干的？

生：中通外直，不蔓不枝。

……

（二）发挥教学想象力

我曾经主持过一次有新加坡、香港、澳门等国家和地区的专家参与的课堂教学研讨会。研讨会上，内地的一位老师向与会专家提出了这样的问题："如果请你们对在场的教师说一句话，你们会说什么？"

香港的刘筱玲博士说："理解你的学生，相信你的学生。"台湾的赵镜中博士说："丰富你的想象力，对教育要有想象力。"澳门的胡培周先生说："让学生对你的教学活动感兴趣，对别人的经验要有转化。"新加坡的江海婴女士这样回答："做学生喜欢的教师。"

其中，"丰富你的想象力，对教育要有想象力"对我的触动最大。一方面，这是赵博士经过多年研究形成的意见，另一方面，他对内地教师有所了解，这样说是有所指的。我们很多教师一谈起教育改革和教育创新，就说这条件不行，那条件不够，似乎教育现状与己无关。赵博士认为，教师需要责任心和使命感，只有在责任心和使命感的驱动下，教师才可能具备想象力；有了想象力，教师才能发现创新，勇于实践。

在观课议课时，一方面需要敏锐的教学洞察力，"入乎其内"。"入乎其内"不旁观，可以使我们更好地理解执教者，从而使自己的教学认识不片面、不干瘪。这样做的目的在于读懂现有的教学，理解现有的课堂。另一方面需要发挥教学想象力，"出乎其外"。"出乎其外"是指不受现有的教学束缚，是一种超越和创造。

这样，在思考假如自己来教，该如何处理时，就不能仅仅研究和借鉴授课教师的现有行为，自己的教学还需要自己来创造和超越。创造和超越不仅需要批判意识和解放精神，而且需要合理发挥教学想象力，用教学想象力去开辟和创造一种新的教学可能。

观察一位老师执教《桂林山水》时我发现，尽管她要求学生在头脑中装着画面，读出感情，但学生读得并不动情。我仔细读了读文本，发现这篇文章并不仅仅只有"山水之美"，还有人的"发现之美"。这位老师的教学重点是让学生体会"山水之美"，而我觉得讴歌人的"发现之美"并以此激发学生发现和超越更有意义。

带着改变现有教学的想法，我在执教《桂林山水》时进行了这样的引导：

师：人们都说"桂林山水甲天下"，作者发现漓江的水

"静，清，绿"，桂林的山"奇，秀，险"，游桂林山水是"舟行碧波上，人在画中游"。想一想，作者有了自己的发现以后，会是什么心情？

生：（纷纷发言）激动、赞美、兴奋、自豪。

师：为什么会有这样的心情？

生：因为他发现了别人没有发现的美，内心很高兴。

师：是啊，这些是作者游览时发现的美，他发现了别人没有发现的东西。因此，要读好这篇文章，首先要"入境"，头脑中要有这些美景，有这些画面；其次要"入情"，作者有一双发现美的眼睛，发现了美，他不禁想表达美，歌唱美，为自己歌唱。

现在，请你们像作者一样，头脑中装着美景，心中充满激动、赞美、兴奋、自豪之情，好好读一读这些文字。

四、教育假设的意蕴和价值

实践经验告诉我们：不能抵达教师灵魂（这主要表现为教育观念和教育假设）的行为改良往往不能持久，原有的不合理行为常常会"卷土重来"；对于空泛的观念更新教师一般难以把握和接受，理论灌输的结果是现实依旧；老师们更愿意"摸着石头过河"，更喜欢从实践效果的角度来审视和调整自己的教育行为。因此，要有效地实现自身发展，就需要从教学效果入手，既要关注教学行为，又要知晓教育观念，从而促进知行统一。

如何实现知行统一呢？在观课议课中，一方面，我们主张以外显的、可观察到的教学行为为抓手，把"行"与"效"结合起来，以适应教师"摸着石头过河"的思维惯常；另一方面，通过反思和对话把"行"和"知"结合起来，以触及教师背后的观念和假设。这里，统一的方法是让"行"的"扁担"系上"绳子"挂上"筐"（图3），从中发现教育假设、教学方案、教的行为、学的行为、学的效果之间的关系，在改善相关因素和彼此关系的过程中，提升自己的教学水平和整体教育质量。

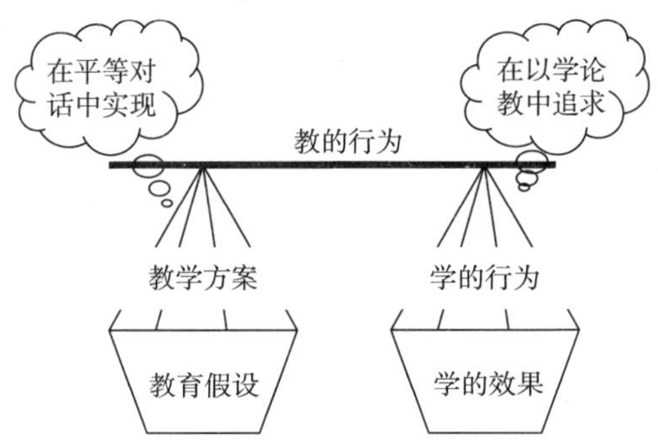

图 3　观课议课相关因素联系图

对于知行，朱熹曾经说："论先后，知为先；论轻重，行为重。"就做事的先后顺序看，没有"知"的过程和科学的"知"的指引，"行"就可能成为盲目的实践。"知"是什么？我们认为，既有"知"的行动，也有由"知"的行动导致的结果。

教师的工作对象是人，人的生命既是短暂的，又是不可逆转的，从这种意义上讲，教师的实践要避免失败。为了避免"行"的失败，教师更需要在"知"上下工夫，用科学的"知"指导自己的"行"。

我们认为，假设是教师获得"知"的基本方式和重要途径。

（一）教育假设的意蕴

1. 假设：面对可能世界的思维方式

恩格斯曾说："只要自然科学在思维着，它的发展形式就是假说。"乔治·奥尼尔认为："'假设情况'乃是我们对这个世界、我们自身及我们与世界关系的一种看法，是我们假定或认为真实的东西，也是我们凭借独一无二的直觉能理解的事实。"人是有意识的，但对未来的意识本质上是假设的。马克思说过："蜜蜂建筑蜂房的本领使人间的许多建筑师感到惭愧。但是，最蹩脚的建筑师从一开始就比最灵巧的蜜蜂高明的地方，是他在用蜂蜡建筑蜂房以前，已经在自己的头脑中把它建成了。劳动过程结束时得到的结果，在这个过程开始时就已经在劳动者的表象中存在着，即已经观念地存在着。”在头脑中建蜂房就是实践之前假设建蜂房的过程。可以说，假设是人的基本生活状态和方式，人生活在对世界的假设中，我们总是基于假设而行动。

面对未来，我们需要假设，我们也只能假设。教育面对的是人的生活世界，人的生活世界具有种种可能，谁也不敢说自己对教育的“知”绝对正确，谁也不能保证自己的教育预测一定会出现，谁也不能为教育未来“打包票”。在实践面前，对教育的“知”只能是假设，教师需要培养教育假设的思维方式。

2. 教育假设：创新教育实践的必要准备

教育假设是教师对教育实践要素的现状、彼此之间的关系、发展前景的理解和推演。作为教师，我们可以在课堂上简简单单地教，但教学前不能简简单单地思考。教师该如何进行教育假设呢？我们可以从假设的依据和假设的过程两个方面进行讨论。

第一，关于假设的依据。

影响教育假设的依据包括：（1）教师个人的实践性知识。对于教师的实践性知识，专家们有不同的看法。林崇德认为，实践性知识是指教师在面临实现有目的的行为中所具有的课堂情景知识以及与之相关的知识，更具体地说，这种知识是教师教学经验的积累。林向明认为，教师的实践性知识是教师真正信奉的，并在教育教学实践中实际使用和表现出来的对教育教学的认识。我们认为，教师的实践性知识是教师在实践中真正信奉的个人经验。（2）新近获得的外来信息，比如，集体备课时同伴提供的经验，专业阅读时获得的新认识，学生提供的教学建议，等等。（3）对目前教学境况的认识和理解，比如，对学生的认识和理解（这实际上是对学生的水平、能力和心向的假设），对教学内容的认识和理解，对教学媒体和工具的理解。

假设需要一定的依据，假设的过程是运用依据的过程。假设的依据是否正确合理，是否完备充分，这直接关系到假设的水平和质量。从这种意义上讲，教师专业发展的一个重要任务在于获得充分而合理的教育假设依据，在于建立一个有效假设的教育背景，从而为面向实践的教育抉择打下基础。

第二，关于假设的过程。

假设首先需要发现可能性。在这里，最容易想到过去的实践经验。但若固守原有经验，教学则很难有改变和进步。因此，既不能抛弃过去的经验，又不能受过去的经验束缚，而需要发现新的教学可能性。布鲁纳说，“要用我们的思想去创造一个可能的世界”，发现新的可能性需要发挥教学想象力。假设意味着要释放教育的想象力。想象开辟新的未来，新的未来带来新的希望，这可能会使即将实施的教学避免单调乏味的重复。从这种意义上讲，假设蕴涵着创新教学的幸福。

假设需要小心论证。一方面，教学的时间是有限的，此处的有为可能导致彼处的无为，我们需要仔细权衡得失，比如，思考“假如这样教，可能带来什么样的损失”。另一方面，我们需要论证可行的条件，比如，思考“假如这样教，需要什么样的条件，是否可行”。教育是一门充满选择和需要权衡的艺术，论证的过程是在多种可能性中选择更合理的可能性的过程，要回答“为什么确定这样的目标”、“为什么选择这样的内容”、“为什么采用这样的方法”等自我提问。

用“虚践”的方式验证假设。假设会带来成果，这里的成果表现为教学方案——这是以“观念”形式存在的一种“蜂房”。有了方案后，接下来的活动是在头脑中“过一过电影”。相对真实的实践，“过电影”是头脑中的“虚践”。虚践可能是有意识的，也可能是潜意识的。“虚践”是在头脑中进行检验和完善实践方案的活动，以对教育实践情境的假设为背景。通过“虚践”可得到看似更加合理的实践方案。这里用“看似”，是因为我们不敢对未来“打包票”，把握再大，也只是“假设”，是否合理，还需要真实的实践来验证。

上述做法的目的，一是使教师更好地把握未来教学，减少教学失误，降低失败的可能性；二是突破过去经验的束缚，为创新教学奠定基础，使未来教学蕴涵新的希望。假设的合理性和敏捷性，体现了教师运用实践性知识应对实践的智慧。

3. 教育假设：改变一线教师的行走姿势

S. 拉塞克和 G. 维迪努曾说：“教育问题如此复杂，以至于它容不得半点简单化和僵化。”教育假设的概念，蕴涵了一种开放、发展、动态的实践性知识观。

我们要意识到实践性知识是非完备和非终结性的，要把已有的知识需要还原成等待验证和发展的教育假设；运用实践性知识时，要谨慎，不得狂妄和任性；实践结束后，既要发现行为和效果之间的关系，从而获得经验，也要反思教育假设的过程和教育假设的依据，完成实践性知识的改造和建构，使个人的实践性知识不断接近教育的真理，从而提升自我教学效能感。

对现有实践性知识秉持开放和改造的态度，在假设过程中对其进行理性批判和审视，将实践方案视为等待验证的假设，利用实践之思获得教学新经验，利用反思之思改造原有的实践性知识，这是教师应该保持的一种教育行走姿势，也是教师获得和更新自身实践性知识的基本道路。

（二）教师如何运用和发展教育假设

以“有效指导学生阅读”的假设和实践为例进行讲解。

1. 原行为：基于某种教育假设的教学实践

我们先来看一看课堂教学是怎样发生的。对于“有效指导学生阅读”，有一位老师原有的认识是“要以读带悟，不要做条分缕析的讲解”，他认为好的课堂应该“书声朗朗”（这是教育假设）。因此，在设计教学时，他考虑最多的是怎样让学生大声读课文（这是教学方案）。对于几段内含哲理的文字，他也让学生齐读，思考问题（这是教师教的行为）。学生根据老师的要求齐读课文（这是学生的行为）。读完课文以后，老师立刻要求学生回答刚才提出的问题，但被提问的学生大多找不到答案，有的连老师问什么问题都忘了（这是学生学的效果）。

对这个过程，我们可以勾画出这样的教学流程（图4）。可见，教育假设对教学实践起着先导作用，改变教师需要从改变教育假设入手。

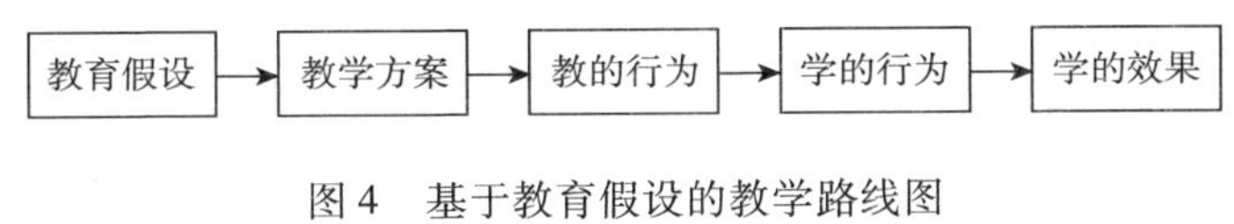

图4　基于教育假设的教学路线图

2. 改变教育假设的观课议课

议课时，我们可能就课堂上观察到的现象进行交流：老师提出了两个问题，但学生找不到答案，为什么会这样呢？这就需要讨论。这种从学习效果入手的议课，可以满足很多教师“摸着石头过河”的愿望。

是不是学生没有阅读？显然，学生在课堂上读过。那问题出在什么地方？我们可以发现学生采用的阅读方法是朗读，要求朗读后立刻回答问题，这使学生没有时间思考，学的行为不合理，因此，无法实现预期的效果。

学生为什么不默读呢？进一步追问就会发现，教师提出的要求是齐读，学的行为不合理是教师的要求不合理导致的。

现在，不能直接建议执教者让学生默读，单纯的行为改进建议只是“授人以鱼”，我们要讨论执教者对教育的理解和思考问题的方式，“授人以渔”。了解教师的教育观念的方法是让深藏其内心的教育假设暴露出来。在这里，可以提出这样的问题：“你为什么不采取默读的阅读方法呢？你有什么样的设想？”

图 5　以学论教的议课路线图

原有假设的暴露可能会使我们发现，执教者没有区分朗读和默读的意识，或者认为只有书声朗朗才是阅读，没有意识到沉思默想也是阅读。

这时，我们需要修正执教者原有的观念，对话的结果可能会使参与的老师产生和分享“悟有悟情和悟理，悟理的阅读（默读）可能更有效”、“阅读阅读，无声为阅，有声为读”的认识，这样的认识将成为参与者的实践性知识，从而成为教师进行教育假设的依据。

3. 用新的假设指导新的实践

对有效阅读指导有了新的认识，在下一次阅读教学实践前，这位老师可能会这样想：语文教学强调以读代悟，悟分为悟理和悟情，如果需要悟理，默读的效果可能比朗读的效果好，如果需要悟情，朗读不失为一种合理的选择。这是他对阅读目标和阅读手段的认识，但不能把它当成确定的知识，而应把它当成等待实践验证的一个“假设”，在实践中研究、证实并发展它。这样，教学实践也就有了研究的性质，教学也就成了研究的活动，教室也就成了行动研究的实验室。

在阅读教材、设计实践方案时，这位老师可能会产生新的教育假设：从教学目标看，对这篇文章悟理比悟情更合理。这是他对这篇文章的教学目标的假设。将目标假设和手段假设结合起来，他就可能设计出这样的教学方案：提出需要思考的问题，提示学生采用默读的方式，引导学生实现悟理的教学目标。

将这样的方案带进教室，他可能有这样的教学指导："请同学们默读第五至第八自然段，边读边思考这样一个问题……。默读时，你可以做批注，3 分钟以后，大家一起交流。"

教的行为影响着学的行为。通过默读、思考、做批注、准备交流等学习行为，学生有可能获得预期的学习效果。当然，这也只是一个假设。

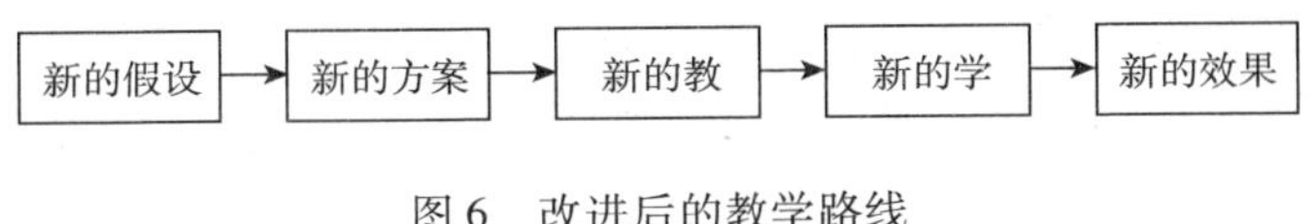

图 6　改进后的教学路线

从图 4 到图 5，再到图 6，这是从预设到实践，再到反思，然后进入新实践的过程。在这样的循环过程中，教育假设引导着研究性的教育实践，研究性的教育实践又丰富和发展着个人的实践性知识，这有利于教师的专业发展和课堂教学改进。

对以上过程进行整合，我们可以制定出"教案和观课议课表"。该表不仅包含教案，还可记录观课议课的情况及思考。

教案和观课议课表

教学活动模块	教育假设	预备的教	预期学生反应	预期学习效果	实际效果	假设和实践效果对比分析	新的教学可能探究
模块 1：							
模块 2：							
……							
教案：付诸实践的教育假设（教学、观察、交流的工具）				观课记录：对假设和实践的观察思考，发现新的教学可能			

（三）以教育假设评估教师工作

我在做"国培计划"项目时，曾经收到贵州的一位老师的邮件："我在教学中遇到这样一个问题，两兄妹都在我教的班级，哥哥成绩不好，妹妹成绩好。家访时，他们的家长说妹妹成绩好是因为她聪明，哥哥成绩不好是因为老师没有教好。对此，我不知道怎么回答。”这里涉及如何看待教师的劳动、如何评价教师的劳动等问题。

教师的劳动的价值在哪里？杜威在《民主主义与教育》中说：“学校教育的价值，它的标准，就看它创造继续生长的愿望到什么程度，看它为实现这种愿望提供方法到什么程度。”学校和教师的价值在于激发学生生长的愿望，创造和提供促进学生发展的课程，学校的产品是课程，教师的价值体现在课程建设中。笔者认为，可以通过教育假设来评价教师在课程建设中的劳动态度和劳动质量。

随时对教学行为背后的教育假设提问，能够清晰地表达教育假设的依据和陈述教育假设的过程的教师，是对教育有过研究、负责任的教师。据此，我们可以用是否有假设的过程来考量教师的工作积极性和责任心。

如果一个教师将基于某些假设的教学设计用于实践，并能证明假设的合理性和有效性，那么他就是对教育有比较深刻的认识和理解、具有较高教学实践水平的教师。据此，我们可以用假设的科学性、有效性和教学的实际效果来考量教师的工作能力和成效。

教学之前有假设，教学过程中和教学结束后能不断反思和调整假设、提升假设水平的教师是不断成长和进步的教师，其教学生活是一种研究性的生活。据此，我们可以用是否有假设、在实践中是否验证假设并由此改善教育工作质量来考量教师的专业成长。

以学论教的质量观

观课议课致力于推进“以教师为中心”向“以学生为中心”转变。其主要策略是：观课时，把关注重点和焦点从教师身上转移到学生身上，根据学生的学习思考教师的教，这是以学考察教、以学思考教；议课时，把学生的学习过程和效果作为课堂教学研究的基础和依据，这是以学讨论教；通过观课议课，促进执教者了解学生的学习基础、学习状态、学习策略和学习效果，从而更好地因学施教、因材施教，这是以学改进教。

一、指导思想：以学论教

以学论教，就是把学生的学习活动和状态作为观课议课的焦点，以学的方式讨论教的方式，以学的状态讨论教的状态，以学的质量讨论教的水平和质量，通过学生的学来映射和观察教师的教。

以学论教首先强调学是教的基础。正如美国教育心理学家奥苏伯尔所说："假如让我把全部教育心理学仅仅归纳为一条原理的话，那么，我将一言以蔽之：影响学习唯一最重要的因素就是学生已经知道了什么，要探明这一点，并应据此进行教学。"因此，要观察教师是否合理地把握和利用了教学的原有基础。其次，强调学是教的目标，教是为了帮助学、促进学。学习的结果即学生获得具体进步或发展是有效教学的根本目的，也是检验教学有效性的主要标准。再次，强调学才是实现学生发展的根本途径，学生的发展不是由外部的他人塑造的，而是在主动选择中，通过自身努力实现的。

从学生学习的角度来看，我们认为好课是学生喜欢、质量不错、负担不重的课。

"学生喜欢"主要从教学的过程看。我们可以从这些方面来观察和研究：（1）观察课堂的整体氛围。对于课堂，学生喜欢与否首先取决于课堂教学的环境和氛围。如果课堂氛围压抑，学生自然难以喜欢；如果课堂环境安全、宽松，学生的参与和探究能得到鼓励和支持，这样的课堂学生更容易喜欢。（2）观察学生的情绪。如果学生在教学活动中被边缘化（甚至主动寻求边缘化），学生对教学活动无动于衷、冷漠甚至充满敌意，这无论如何不能说学生的情绪是正常的。就这一点，我个人认为，学生喜欢课堂的一种表现是：对教学活动怀有期待而激动的心情，积极介入，努力使自己成为关注的“中心”。(3)观察喜欢的人数。效率高的课堂应该照顾尽可能多的学生，如果只是几个学生喜欢，放弃了大多数，也不能算好课。高水平高质量的课堂会针对不同水平的学生，提出不同层次的目标要求，并做出相应的内容安排，使所有学生产生“老师的教学就是为了我”的感觉。(4)观察课堂的节奏变换。学生较长时间的兴奋和喜欢是实现高质量的课堂教学的保证。但一节课上，学生不可能长时间处于兴奋和激动状态当中，要求学生所有时间都处于兴奋状态，既不现实，也不科学，教学节奏需要变换。

“质量不错”主要从教学的结果看。我以为，应注意以下几点：(1)质量应该包括“认知性实践”质量、“社会性实践”质量以及“伦理性实践”质量。课堂是师生生命参与的一处场所，教学是师生生命活动的一段历程。师生的参与不仅是躯体和知识的参与，还是智慧、情感的参与。在佐藤学看来，他们的参与表现为建构客观世界意义的“认知性实践”活动、建构伙伴关系的“社会性实践”活动以及建构自身模式的“伦理性实践”活动。单纯的分数和仅有认知意义上的知识不是完整的质量概念。(2)我个人认为，除了体育等学科以外，学生的学习应该以心智活动为主，教学的主要任务是提高学生的心智水平，教学应该以引起和促进学生心智活动的开展为起点，其他活动的设计和展开要服从、服务于这个主要目标。实际上，已有经验的简单再现和低水平重复不可能促进学生的智力发展，只有在“最近发展区”里活动，使学生处于适度紧张的状态中，才有可能促进学生的智力发展。对于一些课堂现象，我们可以用是否引起和促进适度紧张的心智活动来评判。(3)这里的质量诉求，还应该包括质量获取方式的诉求，比如，是教师灌输的还是学生主动获取的，学生在获取质量时，其独立性和自主性是否得到充分发挥。

“负担不重”主要从教育投入与产出的关系看。首先是时间投入和精力投入，要看师生为此花费了多少时间，付出了多少劳动。

另外，物资、经费也是课堂投入的重要成分。虽然，教育技术水平将不断提高，但我个人认为，在尽可能少花钱、少动用技术设备的前提下达到高质量更值得尊重。

二、方法：从学习效果入手

一般来说，教学路线是：教育假设—教学方案—教的行为—学的行为—学的效果。观课议课主要从学的效果来理解、分析学的行为，讨论什么样的教的行为才是有效的，并通过对话和反思理解原有设计及其背后的观念。要根据效果和他人的经验改造教师的原有经验，经验改造以后再重新设计，以新的教学行为实现新的教学效果。

这里举一个例子：

陈大伟（以下简称“陈”）：赵老师，课堂教学中有这样一个情节，你说“我们找一个没有发言的同学来做这道题”，叫第一位同学，这位同学说“我发过言的”，又叫第二位同学，没有想到他说“我也发过言的”，后来叫了第三位同学，这位同学倒也配合，到黑板前去做题了。可是我注意到，这位同学至少发言三次了。你怎么看待这一现象？

赵老师（以下简称“赵”）：我也没有想到会这样。这是借班上课，在我们班是不会出现这种状况的。

陈：我们可以想一想，“找一个没有发言的同学来做这道题”这种说法和要求本身有没有问题？

赵：应该没有问题。这可以体现出教学面向全体学生，教师关心每一个学生。而且我最近听了几次全国名优教师的课，很多名师都有这样的教学行为。

陈：那你想过被叫到的同学会怎么想吗？比如，被叫到的前两位同学，他们为什么要申辩“我发过言的”？

赵：我没有仔细琢磨。陈老师，你认为他们会怎么想呢？

陈：我觉得，这里面似乎含有批评和责备，而学生如果承认在这节课上没有发言，则意味着他们在前面的学习活动中没有积极参与，甚至意味着他们的学习能力和水平不高。让学生在大庭广众之下承认这一点本身有些强人所难，所以他们才会强调自己发过言。

赵：那你怎么看待第三位同学的行为，他为什么没有申辩呢？

陈：我觉得，你要好好感谢第三位同学。让我来猜一猜第三位同学的想法，他可能这样想："都叫过两位同学了，我再不上去，老师就不好下台阶了。算了，尽管我刚才发过言，但还是上去吧。要做一个好学生，配合老师的教学。"所以他才不再申辩，而是到黑板前面去了。

赵：学生还真可能这样想。但是，陈老师，这可是很多名师都用过的招数哦。

陈：我想，没有人十全十美，名师也是如此。名师这样做的主要目的，可能是想示范课堂教学是如何面向全体学生的。但就这个举动而言，我认为这是形式上的面向全体，是作秀，不宜照搬。

赵：陈老师，在具体的课堂上，又怎样体现面向全体学生呢？

陈：我觉得这是做出来而不是说出来的，要用好老师的眼睛。如果发现哪些同学没有参与，你可以不动声色地请他们起来，何必说出"没有发过言的同学"，向全班同学昭示他还没有发过言呢？

我给你介绍另外一位老师的做法。上课到后半段，想找一位没有发过言的同学发言，他是这样说的："不知道哪位同学想发言，但老师还没有给他发言机会，现在老师要请他来跟大家说一说。"他的做法和你的做法有什么不同？

赵：有意思。这位老师给学生留了面子，把责任归于自己，在细节上体现了对学生的理解和尊重，把尊重学生落实到了具体的教学行为中。

三、坐到学生身边去

（一）根据需要选择观课位置

以学考察教需要观课者到学生身边去，近距离观察和研究学生的学习，这就需要改变坐在教室后面听课的习惯。如何选择观课位置呢？这里有两条建议：

一是根据观课目的和需要选择位置。比如，我曾经观察过一节数学课，走进教室，我征求授课教师的意见："您希望我观察和讨论什么？"授课教师说："我希望您能观察一下，在这节数学课上，有多少同学在积极地进行思考？"我一听，马上把自己的凳子移到了前门口，并且面朝学生而坐。我认为，这样能更好地观察有多少同学在积极地进行思考。又比如，如果要观察某一位特殊的同学，就需要选择既能观察这位同学的学习活动，又不会被注意到的位置。如果没有特殊的目的和需要，观课教师要尽可能选择可以观察更多学生的位置，以尽量避免视点狭隘。

二是尽可能不干扰和影响教学。观课者不能喧宾夺主，在没有特定观察目标的情况下，通常坐在教室后两排座位之间的过道上。首先，这样的位置不会让过多的同学把目光放在你身上，你不会抢上课教师的"镜头"；其次，这样的位置不会对课堂上师生的走动造成不便，从而影响正常教学；第三，这样的位置可以让观察者有较大的观察面。

（二）和学生建立信任关系

2009 年 11 月，一起观课的一位朋友对我说："陈老师，我们也想到学生身边观察，可是学生并不希望我们坐在身边。有两次，我要到他们身边去，他们都跟我说‘我不希望身边坐着老师’。今天我看你坐在他们身边，他们似乎很高兴，做完一道题就想给你看一看。你有什么秘诀吗？”

这需要在观课之前和学生建立一种信任、友好关系。如何和学生建立信任而友好的关系呢？

首先，要有慈爱的心态和愉快的心情，而且要把这种心情表达出来。一次，到河南济源听课，上课前，同学们看我很容易亲近，就和我一起交流。临近上课，我准备坐下，习惯性地用手摸一摸后面的凳子，发现凳子不在了。回头一看，有两个小朋友正在偷笑，我提醒他们不能这样做。没有摔跤出洋相，当然不必生气，退一步想，如果摔跤了，我会生气吗？也许我会批评这种行为，但心里可能这样想：他们愿意和你开玩笑，说明你已经赢得了他们的信任，他们已经把你看成可以一起做游戏和开玩笑的朋友。

其次，当你选择一个位置准备坐下时，最好征求一下学生的意见——“我可以坐在这里吗”，这是对学生的尊重。每个人都想要属于自己的私人空间，当私人空间有了外来者时，很容易感到不舒服。征求学生的意见，就是为了消除学生的不良情绪。一般情况下，学生会说“可以”，这时你就可以心安理得地坐在他身边。如果学生的回答是“不行”，你就只好另选位置。有老师问，如果没有学生愿意你坐在他身边，该怎么办？那就坐到教室后面去。在这里，我想表明一个观点：无论你研究课堂的理由多么崇高和充分，都请你从尊重眼前的学生做起。

再次，坐下来以后，教师要主动向学生传递关爱，让学生意识到你是充满善意的朋友。比如，可以简单介绍自己，和学生拉一拉家常，询问他一些生活方面的情况。之后，可以提出这样的问题：“我可以看一看你的书吗？”“我可以看一看你的作业本吗？”翻教材、翻作业本可以了解学生的学习情况，但这并不是主要目的。主要目的是找出学生值得肯定的地方，并加以鼓励和赞扬，使他相信你，不怕你。这样，学生就会把他真实的一面展示出来，也会愿意回答你在观课过程中提出的一些问题。

如果学生在学习中遇到了困难，观课者要充分理解，并根据实际情况给予鼓励和帮助。

四、尊重课堂

这是河南省济源市黄河路小学韩利红老师的一则观课手记：

写完最后一句，我合上听课笔记本，起身走出五（2）班教室。

“老师。”我站住脚，回头看见几个小女生站在我身后。“老师，请您转告听课老师们，请他们尊重杨老师，尊重我们的课堂。”

“怎么了？”我很迷惑。

“听课时，你们一直在说话……”

“哦……”我一时语塞。

自从我校实施系统的观课议课以来，我们慢慢从惧怕研修的阴影中走了出来，渐渐体会到了研究课堂的乐趣。我们开始仔细观察，细细品味，开始把自己对细节的理解提升到一定的高度，开始把自己对课堂的零碎感知梳理成较有条理的“一二三”……。我们有了研修的热情，养成了思考的习惯。我为自己的成长而欣喜。

而此刻学生的话却似一声惊雷。我们在为自己的“成长”而得意的时候，竟然抛却了“成长”的方向标。当我们自己都无视课堂的神圣，只把课堂研究作为提升自己的一个工具，无视学生时，又如何让学生爱课堂、重视课堂呢？

这折射出了观课议课实践中的一些问题。

我们认为，课堂是一个生命成长的场所，是一个充满灵性和智慧的地方。对于观课，我们有以下建议：一定要提前进教室，不能中途很轻率地敲门，打断教学；在课堂上要关闭通讯设备，禁止随意接听电话；要集中精力观察和研究教学，不做与本课堂教学无关的工作（如备课、批改作业等）；不和其他观课者闲聊，不随意讨论和评价教学活动，以避免影响师生的教学情绪。

相互滋养的生态观

一、观课议课的生态发展取向

（一）教师专业发展的生态理论

一般认为，教师专业发展的理论有理智取向、实践—反思取向和生态取向。笔者认为，除这三种理论上的取向外，还有技术取向。

理智取向的教师专业发展理论，主张教师有坚实的理智基础，其理智基础表现为“学科知识”和“教育知识”。这种取向的突出表现，就是师范生向专家（如大学老师）学习学科知识和教育知识。现在，似乎可把教师的专业阅读也归为这一取向的实践。

一线教师是实践工作者，实践的丰富性使得“某一条教育真理，在第一种情况下是正确的，在第二种情况下是无用的，而在第三种情况下就是荒谬的了”（苏霍姆林斯基）。教师需要实践性智慧，而实践性智慧不是从外部获得的，而是在内部建构的，建构的途径是各种形式的反思。通过反思，教师可以对自己、专业活动甚至相关的事物有更深入的理解，并发现其中的“意义”。这是实践—反思取向的教师专业发展理论的核心思想。

生态取向的教师专业发展理论认为，虽然教师的教学风格是个人化的，教师在实践中也大多处于孤立的状态，但是，就专业发展而言，教师并不全然依靠自己，而会向他人（如校外专家或同事）学习。教师并非孤立地形成和改进教学的策略和风格，它更大程度上依赖于教学文化或教师文化。教学文化为教师的工作提供了意义、支持和身份认同。因此，教师专业发展的最理想的方式是合作，也就是小组的教师相互合作，从而确定发展方式。

这三种取向各有其理论和实践基础，也各有强调的重点和疏漏。在今天看来，任何单一的取向都不可能解决教师专业发展中的全部问题，深入了解它们的优势和局限性，针对教师发展的实际进行借鉴不失为一种好的选择。

这里且说生态取向的教师专业发展理论。生态取向的教师专业发展理论的重点不是学习某些学科知识和教育知识，也不是个别教师的反思，而是构建合作的教师文化，让教师在合作中共同成长。成长需要环境，马克思认为，“一个人的发展取决于和他直接或者间接进行交往的其他一切人的发展”。打个比方，一粒种子能否生长，能否长成参天大树，这固然和种子本身有关，但也和撒播在什么样的土地里、生长在什么样的环境中紧密相关。高文在《教学模式论》中说：“事实上，认知决定于环境，认知发生于个体与环境的交互作用中，而不是简单地发生在每个人的头脑中。”

（二）对教师“育人”的新认识

我们需要赋予“育人”以新内涵。教师的工作是“育人”，我们需要培育“谁”？我们认为，首先是“育自己”，自己发展成才了，育学生才有资本和基础。其次是“育学生”，教师需要更有成效地帮助学生获得生存的本领和生活的智慧，要让他们体会到生命的尊严、价值和意义。再次是“育同事”，这不仅是与同事共同成长，所谓“赠人玫瑰手有余香”，还要与同事共建有利于生长的环境。合作有利于共同发展，促进他人发展的同时也在促进自身发展。

建设教师专业发展的良好生态，学校具有不可推卸的责任。现在的中小学越来越重视教师的专业发展，但学校该如何促进教师的专业发展呢？冯大鸣认为："我国的相关研究大都集中在提高教师的教学技能技巧方面，似乎教师的专业发展仅仅是一个能力提高的问题。其实，在学校营造一种环境和气氛，让教师有足够的发展空间，鼓励教师进行教学创新，这可能比单纯提高教学能力更为重要。"基于这样的认识，学校的功能应该有一个新的拓展，它不仅是学生成长的乐园，也是教师共同成长、不断创造的家园。

（三）相互滋养需要彼此开放

佐藤学认为，教学的改革"最为重要并且是中心的课题，是围绕创造性教学和教研制度形成作为专家的教师们之间互相培养的'合作性同事'之间的关系。这种合作的同事之间的关系一日不形成，学校的改革就一日不能成功。而这种同事关系只有在所有教师都开放教室，互相观摩教学、互相批评时才能构建起来。只要有一个教师封闭着教室的大门，那么，想从内部进行学校改革就是不可能的"。在《静悄悄的革命》中，佐藤学介绍了他们如何花大力气促进教师开放自己的教室。对此，一些校长说："我们只要建立一种制度，比如和教师的绩效工资挂钩，教师就一定会开放自己的教室。"我们要说的是，用这样的方式不一定能取得好的效果，真正的开放是"心"的开放。

史铁生在《病隙碎笔》中说："爱的情感包括喜欢，包括爱护、尊敬和控制不住，除此之外还有最紧要的一项：敞开。相互敞开心魂，为爱所独具。"心的开放需要爱，基于爱和被爱的需要，观课议课需要打破"我不会对别人的事说长道短，同样的，也不希望别人来干预我的工作"这种"私下默契"的外壳，需要融化教师之间彼此封闭而又自以为是的坚冰。多尔说："让我们共同漫游，向那'产生于上帝笑声回音的，没有人拥有真理而每个人都有权利要求被理解的迷人的想象的王国’前行。”

二、观课时把自己看成助教

我曾经参与过一次观课议课活动，执教老师上的是“圆的认识”。议课环节，观课教师描述学习效果时，纷纷说自己周围的学生圆画得不标准。表扬他们仔细观察和研究了学生的学习状态和效果之后，我向他们提出了这样的问题：“发现学生不会画圆之后，你做了什么？画圆是一项需要动手实践的学习活动，仅靠课堂上老师示范能保证学生个个都会画圆吗？你们是否想过帮助周围的同学，帮助执教的老师？”

观课议课是教师之间的互助行为。我们进入教室的目的，不是简单地评价和讨论授课教师的教学水平和能力，而是要参与其中，帮助授课教师开展教学活动。观课教师不仅是课堂教学的研究者，而且是课堂教学的促进者。

从帮助和改善教学的角度看，观课者需要注意以下几点：第一，不能干扰学生的学习活动，在授课教师进行讲授、提问等教学活动时，观课教师不要和身边的同学交流，以免分散同学的精力，干扰教学。第二，教学活动中，如果学生遇到困难，观课教师应帮助他，如果学生有进步，观课老师应鼓励他，要让学生感受到有老师在身边是一件舒适的事。第三，对于教学要求，观课教师要给予积极的配合和支持。比如，授课老师安排小组合作学习时，同学们可能难以很快投入。这时，观课教师可以就近指导学生，如小声提醒学生——“老师要求你们干什么呀？”“你们可以交流一下各自的想法。”如果每个观课教师能帮助六七位同学，一节课下来，四五位观课教师就可以帮助二三十位同学。

要注意的是，观课教师必须把握时机，做到适度参与，不要抢了做课教师的“镜头”，否则，结果可能适得其反。

三、议课时将心比心

（一）识别他人的情绪

先来看一位老师的观课议课手记：

> 议课开始。第一位教师提问："教学主题是引导学生品词析句，但你课件中的那幅画和品词析句并没有直接关系，请问，你设计这幅画的用意何在？"言辞甚是激烈，隐隐夹有风雷之声。授课老师当时显然没有心理准备，脸上有些挂不住，但还是强忍着回答。其他议课老师就顺着这个问题，从课堂结构、课堂组织等诸多方面提出问题，劈头盖脸。此时授课老师方寸大乱，像一位孤独的斗士，疲于应付。当时，我看得心惊肉跳，冷汗直流。心想：若换了我，我肯定难以招架。

议课首先是一种人际互动。从社会学的角度看，它要关注人们坐在一起对彼此的意义，关注彼此如何互动，如何产生冲突和相互影响。孔子说："侍于君子有三愆：言未及之而言，谓之躁；言及之而不言，谓之隐；未见颜色而言，谓之瞽。"（意为：侍奉在君子旁边陪他说话，要注意避免犯三种过失：还没有问到你的时候就说话，这是急躁；问到你的时候你却不说，这叫隐瞒；不看对方的脸色而贸然说话，这是瞎子。）美国学者戈尔曼则认为："不能识别他人的情绪是情商的重大缺陷，也是人性的悲哀。"议课时需要看对方的脸色，考虑对方的感受。

在对方情绪抵触的情况下，你说得再多，提的问题再有水平，别人也不愿意听，你说了不是等于白说吗？

要设身处地为他人着想，"己所不欲，勿施于人"。对于观课议课，我们的说法是"同在共行"："同在"就是不把自己当成局外人，而是站在对方的立场考虑问题，理解对方；"共行"就是把授课教师的问题当成自己的问题，与授课教师共同研究、解决问题，从而共同进步。为了实现“同在共行”的目标，议课时我们常常采用“假如你来教……”、“假如我来教……”的话语结构。

“假如你来教……”体现了对参与者尊重彼此、观摩授课老师的路径和方法以后提供一种回报的要求。“假如我来教……”是参与者的一种回报，是一种敞开心扉的表达。因此，授课教师对参与者的“假如我来教……”不能心怀抵触——“你就能比我教得好吗”，而应心怀感激——“参与者在说掏心窝子的话，他这是在真诚地关心和帮助我”。生活在充满爱的环境中，是多么幸福！

“假如你来教……”体现了议课者的参与方式：对于困惑和问题，议课者不能置身事外，而要从实践、操作的角度思考问题，寻求解决问题的方法。这是在现有实践基础上，探讨新的可能，有利于参与者理解和选择更适合自己的思路和方法。它还赋予了所有参与者一项平等的质询权利，在这样的话语结构中，没有谁的意见有免于被质询和被讨论的特权。

（二）启发他而不是改造他

人本心理咨询理论的创立人卡尔·罗杰斯晚年时期曾经说过这样一段话：“有一种简便的方法来形容我自己所发生的变化：在我职业生涯的早期，面对来访者我就会急急地思索：我该怎么治疗、帮助或改变这个人？现在，我面对着来访者，则会自然而然地关注于：我该怎样来提供一种关系，形成一种氛围，以使这个人可以借助于这种关系和氛围，来解决自己的问题，实现个人成长。”不成熟的新手以帮助者和改变者的身份出现，成熟的专家却以自我反思和改变的促进者的身份出现。做心理咨询如此，观课议课亦如此。

观课议课时要启发授课教师而不是改造他，要让对方享受发现和成功的喜悦，从而赢得自信。这是一种难得的境界，也是一项修炼。

四、在“最近可能区”提建议

议课时要探究教学可能性，在多种可能性面前有没有相对完善的方案呢？可以肯定地说，在具体情况下，总是存在相对合理的方法的。相对合理的方法既是最切合实际的方法，又是在现有情况下实际效果可能最好的方法，这是教学改进的“最近可能区”。

在“最近可能区”提建议的议课策略，借鉴了苏联教育家维果茨基“最近发展区”的教学思想。即针对现有的教学水平和教学能力，根据教师专业发展的方向和目标提出建议，使建议既立足于实际，又走在现有的教学实践前面。

其核心是立足于教师的实际。比如，新教师对教学常规还很不熟悉，这时课堂纪律可能是有效教学的最大拦路虎；有的教师的主要问题出在师生关系处理方面；有的教师的问题则出在教材分析和处理方面。对新教师提出教学创新的建议可能会使他无所适从，而对有丰富教学经验的教师提出课堂常规和教学管理方面的建议，则效用不大……

这里不仅指教师水平和能力的“最近可能区”，也指其他外在条件的“最近可能区”。比如，要求农村的教师都运用多媒体提高教学效率不太现实。在事务繁多、工作压力非常大的情况下，要求包班教学的教师在每个环节都花较多的时间也不现实。在提出延长教师的工作时间的建议（“做加法”）之前，应该先思考把哪些东西减下来（“做减法”）。

境脉特征的真理观

一、重视课堂现象和事实

成都大学师范学院在 2010 年 11 月举行了说课和微型课比赛，

让我做指导专家。点评时，我说：“比赛的时候，在下面扮演小学生的同学们没有给参赛的选手出难题，这让比赛更公平。但在实习前的试讲中，大家就不要只扮演好学生的角色。可以一个扮演积极配合老师的学生，一个扮演对教学漠不关心的学生，一个扮演学习基础不好的学生，一个扮演捣蛋的学生。比如课堂上就可以出现学生告状——‘老师，他打我’的情形，大家来讨论一下怎么处理。你们要有这方面的经验，不然遇到类似问题就会措手不及。”

活动结束后，一位同学追着我问面对这样的告状情形怎么办。当时我尽力回答，但自己感觉不满意。后来想一想，这是一个难题，发现自己根本无法穷尽其中的种种可能，要根据具体情况而定，比如，年龄和年段，是否受伤，投诉者的语气和内心要求，是否为惯犯……在这里，没有完美的方法，只有相对好的方法。而某种合适的方法是针对某种具体的对象和情境而定的，教育的真理具有境脉的特征，教师更需要的是实践性智慧，而实践性智慧是无法真正传递的。

对于境脉特征的真理观，赵汀阳在《论可能生活》中说：“规范的不可置疑性永远是情境性的。”在研究课堂教学时，“情况”和“情境”具有先在性和优先性，脱离了具体的“情况”和“情境”，意见的“正确性”就会大打折扣，甚至可能成为“无用”或者“荒谬”的话。

基于境脉特征的真理观，我们强调围绕课堂上的事实和现象开展观课议课。佐藤学说：“在讨论中，最重要的是丢开一切抽象的语言，只说出自己对所观察到的事例的真实感受和具体事实本身。只要大家能相互交流自己朴素的感受到的一切，就必然能学到许多意想不到的东西。”我们常说要“摆事实，讲道理”，也就是先要说出课堂上的现象和事实，在这个基础上再展开讨论。

与常见的“我认为这节课有以下优点……”（提供教学结论）和“我建议做这样的改进……”（提供教学建议）的话语方式不同，

在观课议课中，我们提倡参与者首先提供自己在课堂上观察到的事实和现象，采用“在课堂上，我发现……”、“在课堂上，我注意到……”的话语方式，然后展开对话和讨论，商量更好的教学出路和办法。

把重点放在课堂上的事实和现象上，有利于缓解课堂教学研究的利害冲突。可以说，无论用什么方式，只要有人进教室来观察和研究，就难免对上课教师造成紧张情绪，有时甚至会带来一些伤害。也就是说，会形成一种利害关系。缓解教学研究活动的利害冲突的方式是围绕课堂上的事实和现象进行讨论，探讨其中的原因，展开教学想象，研究发展变化的可能性和实现条件。这样，讨论的对象就不再是课，而是课堂上的事实和现象。我们坚信，只有这样，教师才会以更本真的方式授课，讨论课时，大家才会推心置腹，畅所欲言。

二、观课议课中的案例研究

观课议课运用了多种教育研究的方法：整体上可以说是行动研究；观课时要采用调查方法；提供课堂信息时用的是叙事方法；观课议课实践还贯穿了案例研究。这里只说案例研究。

观课议课中的案例研究包括两个部分：“观”是选取、组织有讨论价值的教学案例；“议”是对选取的案例进行讨论和分析，是对案例中各要素之间的关系和发展变化的可能性进行研究和讨论。

（一）在观课中组织案例

首先，案例的重点在于学生的学，组织案例时要注意收集、整理关于学生的学习行为和学习效果的信息。教育的根本在于使学生实现发展和变化，关注和收集关于学生的学习行为和效果的信息是实施以学论教、促进有效教学的核心和关键。甚至可以这样说：如果你没有关于学生的学习活动和学习效果的真实信息，对这些信息没有一定的理解，请你在提建议环节免开尊口。收集学生的学习信息，不仅要求观课者坐在学生身边，和学生建立信任关系，而且要求观课者充分读懂他们的学习活动——“必须读懂看起来单纯的事件背后所隐藏的复杂性（佐藤学）”。

其次，从结构看，案例主要有两个要素：一是发生在一定时空背景下的典型的真实事例，二是包含一个或多个疑难问题。教学案例就是蕴涵着需要讨论、值得讨论的问题或困惑的教学故事。教学案例中的场景和故事不是课堂实际教学过程的简单重复，而要进行取舍和加工。好的教学案例应该满足以下条件：一是对事例的描述具体，有过程，有变化，情节完整；二是问题具有典型性，问题的解决思路开放，有研究和讨论的价值。

笔者曾经观察过四年级的一节数学课“用数对确定位置”。执教老师是这样导入的：“过一段时间，我们要召开家长会，每位家长要坐在自己孩子的座位上。想一想：你回去怎么跟家长说清楚你的位置，从而让家长能很快找到你的座位?”第一个学生说：“我跟妈妈说，我是从前门进来看到的第一组的第四个。”老师很高兴，注意到了“第一组”和“第四个”并板书，但“从前门进来”的意义和价值该老师没有意识到。后面的教学有了麻烦：在讲(3，2)这一数对的意义时，老师说“3”代表横向的数字（方格），“2”代表纵向的数字（方格）。学生问：“为什么不是‘3’代表纵向的数字，‘2’代表横向的数字?”老师解释这是规定的。学生又问为什么这样规定，老师解释了一阵，但学生的表情告诉我们，他们对这样的解释很不满意。

把课堂上的教学事实和现象构造成教学案例，一是需要把冗杂的课堂信息整合成教学故事，比如，起因、过程和结果都要完备，注意重点细节的凸显和无关细节的删减，等等。二是要使故事具有讨论价值，教学故事“用句号结束”，教学案例则“用问号引起讨论和对话”。对于上述课堂教学，就不能简单地说：“你这里没有注意到‘从前门进来’这个约定。”如果这样说，就只是下结论的评课了。

（二）在议课中研究案例

在议课环节，我们围绕“怎样才能让学生更好地接受坐标确定位置的约定俗成性”、“学生对妈妈说的‘从前门进来’有什么意义”两个问题展开对话和讨论，共同探讨了改进教学的思路。

最后大家意识到：“从前门进来”体现了确定位置的起点，只有明确了起点，后面的数字才有意义，可以说，起点和标准赋予数字以意义。这是家长和孩子间的沟通，需要两者共同约定。数对确定位置时也需要起点，它是地图方位确定、航海航空位置确定等活动的基础。数对（3，2）中，“3”代表横向的数字，“2”代表纵向的数字，这是早已形成的国际约定，在没有新约定之前，我们只需要接受它。

之后，我们探讨了新的教学思路，围绕以下问题进行讨论：为什么要说“从前门进来”？这有什么作用？如果不说“第一组”会出现什么情况？如果不明确“第四个”又会出现什么问题？“从前门进来看到的第一组的第四个”可以怎么写？数对（1，4）与“从前门进来看到的第一组的第四个”有什么区别？由此解释数学转化和简化的思想。

对于案例讨论，我们建议的一般流程是：（1）由观课教师描述蕴涵困惑的教学故事，使议课建立在真实的故事和情境基础上。（2）听取授课教师对故事中的困惑和问题的思考和理解。这样，一方面可以把执教者的教育价值观念揭示出来，供大家研究和剖析，另一方面可以帮助执教者梳理和澄清自己的教育理想和追求。（3）听取案例提供者的意见和看法。一般情况下，观课者提出这个问题、讲这个故事之前对此有了一定的思考，给他提供陈述机会，可以让他在表达中梳理意见，实现自己。（4）议课参与者各自发表看法，并相互质询，共同讨论和交流。

三、进行有主题的课堂教学研究

问起学校的教研活动如何组织和实施时，很多学校的老师这样描述：教研组长提前发出通知，让大家什么时间在什么地方听课。听课结束后，首先是授课教师说课，接着是评课，评课时参与者各自发表意见，最后教研组长叫某老师下一次上教研课，活动就结束了。

向参与者提出一些问题，一般有以下对话：

问：活动之前知道要讨论和研究什么问题吗？

答：不知道。

问：参与的教师进教室之前有准备和期望吗？

答：没有。

问：有没有想过重点观察和研究什么？

答：没有。

问：那交流的时候说什么？

答：你想说什么就说什么，谁会那么认真？

……

这是很多学校听课评课的常态。观课议课试图做出哪些方面的改进呢？

2009 年 12 月，在成都市红牌楼小学观课时，我们做了以下课前准备。首先调查语文教师共同关心的问题，确定了“怎样更有效地指导学生自主学习”的观课议课主题。然后组织深度参与活动的 5 位老师（1 位授课教师，4 位观课教师，深度参与的教师以 4—6 位为宜）对观课议课主题进行观察和研究方向的分解：（1）什么样的教学背景下（教材的特征、学生的水平和能力）更适合采用自主学习的策略；（2）自主学习前如何在兴趣、任务和方法上给予学生有效指导；（3）学生自主学习的表现和成效（特别关注学习有困难的学生）；（4）如何组织自主学习的成果交流。最后，对参与教师提出了“根据观课议课的主题和方向，认真研究教材，挖掘和整理自身的经验，注意搜集外界相关经验和信息”的准备要求。这样的准备，目的就是让观课议课成为有主题的课堂教学研究。

（一）为什么需要有主题

帕尔默在《教学勇气——漫步教学心灵》中说：“在真正的共同体中，我们人类也与非人类形式的事物互动，它们与人类同等重要、一样强大，有时甚至比人类更重要、更强大。……我所指的伟大事物，是求知者永远聚集其周围的主体——不是研究这些主体的学科，也不是关于它们的课本或解释它们的理论，而是这些视为主体的事物本身。……诸如此类的伟大事物是教育共同体的重要聚集点。正如原始人一定曾经聚集在火堆周围，透过聚集在它们周围并尝试去理解它们，我们成为求知者、教师和学习者。若我们处于最高境界，表现出色，那就是因为伟大事物的魅力诱发出我们的美德，赋予教育共同体最佳、最优的状态。”

观课议课的团队是一个共同体，这个共同体需要一个“伟大事物”来凝聚。观课议课是参与者围绕这个“伟大事物”互动和共舞，在互动和共舞中获得成长和进步的过程。这个“伟大事物”就是观课议课的主题和课堂上的故事与案例。提出主题，围绕主题进行对话和交流，以获得对这个问题的理解，这是观课议课这种教学研究活动的“教研目标”。

（二）主题从何而来

有一位老师上许地山先生的《落花生》，确定的观课议课主题是“抓住重点字词，体会文意”。上课结束后，我问授课和参与议课的教师：“‘抓住重点字词，体会文意’是不是你们在教这篇文章时最难的问题?”他们都摇摇头:“我教这篇文章,最难的是让学生理解作者的原意,这与学生的个性化阅读理解相矛盾。”“我的困难在于让学生体会托物寓意的写法。”我和他们开玩笑:“你们太大公无私了,明明自己有困难,而且教研时间很宝贵,为什么不自私一点,把自己的困难作为观课议课的主题?”

问题即主题,这是观课议课主题的一个来源。但很多老师缺乏问题意识,如果你问他“你在教学中有什么问题”,这些老师往往以警惕的眼光看着你:你怎么来找我的问题?其实大可不必这样,美国著名演说家丹尼斯·威特莱说得好:“只要你还嫩绿,你就会继续成长;一旦你已经成熟,你就开始腐烂。”谁没有问题呢?

如何培养问题意识呢?和校长交流时,我说:“校长如何关心教师的成长呢?见面就是一问——您最近在思考和解决什么样的课堂教学问题?是否需要帮助?校长的习惯可以影响教师的习惯,如果老师们想着要回答校长的询问,在心中时刻装着自己的问题,这样的老师何愁不进步?”当然,校长不可能天天都来问你,最好的方式是自己经常这样问一问:我现在的教学遇到了什么问题?我该怎么办?

在成都市地理骨干教师研修班上,成都市武侯实验中学的刘朝升老师这样阐述他的观课议课主题:“我对思维导图有一些研究,我很希望把思维导图引进课堂。这一节课我将在这个方面做出尝试,我希望观察、研究思维导图怎样和课堂教学有机结合。”这是一种超越,一种创新。将理论用于实践是观课议课主题的第二个来源。

(三)主题协商

2009 年 11 月,我们在上海市宝山区第一中心小学观课议课。这所学校的教师有很强的参与意识和研究精神,参与议课的教师都希望研究和解决自己思考的问题。有的希望研究“低段教学中读写结合的策略和方法”。有的希望解决“如何在教学中培养识字兴趣，培养孩子的自主识字能力”的问题。而有的则说：“‘看拼音—读课文—识字’这种类型的教材我第一次教，希望讨论使用这类教材的合理的方法。”基于优先满足授课教师的愿望的考虑，我们最后确定的研究主题是“如何处理‘看拼音—读课文—识字’的教学”，并建议在以后的观课议课活动中研究另外两个有价值的问题。这就是有多个主题时，需要协商主题的问题。

为什么需要协商？首先，时间有限，一次不可能解决所有问题；其次，要充分尊重参与的教师，使大家意识到自己的意见得到了重视；再次，协商意味着参与者需要对自己承诺的事情尽到责任和义务。

（四）主题分解

为了使观课议课活动有更加明确具体的目标和方向，我们主张对主题进行方向上的分解。

2007 年，我们在四川省绵竹市紫岩小学观课议课，主题是“如何引导学生体会诗情”。将主题分解为：（1）课前围绕特定主题对教材进行研究，重点研究“诗中蕴涵了哪些情感？学生能够理解和接受的情感是什么？可以落实在哪些文字和段落上？”等问题，这是对教材和教学目标的研究。（2）课中观察和研究特定目标下的教学方法和手段，也就是观察和研究授课教师在引导学生体会诗情时，安排了哪些有目的、有意识的教学活动，表现为哪些行为，这是对教法的观察和研究。（3）观察和研究学生在课堂上体会诗情的过程、状态和收获，这是对学法和学习效果的观察和研究。

教学内容和目标、教法、教学效果是我们常用的分解框架；主题合理性、目的合理性、工具合理性是另一种常见的分解框架。

（五）主题预设和生成不冲突

教学发展变化具有不确定性和流动性，每个观课者对教学的理解、认识和需求又存在很大差异，因此，生成议课主题是必然的，也是必需的。要鼓励观课老师用自己的眼睛观察、研究课堂，并把自己的观察和研究通过对话、交流的方式与他人共享。

议课时，可以先对预先确定的主题展开讨论。预定的主题讨论结束后，再讨论课堂上生成的其他有价值的议课主题。讨论生成的问题一定要先做价值判断，比如，判断有没有普遍性，有没有共同讨论的价值等。

如果问题有讨论价值，但讨论的时间不够，生成的问题就可以成为下一次观课议课预定的主题。这样，不仅可以解决这个问题，还可以发现其他需要研究的课堂教学问题。既写“逗号”，以引起后续行动，也写“问号”，以引起新的观课议课活动。

四、以境脉特征的真理观看议课、评课和磨课的关系

我并不赞成“用观课议课取代听课评课”的观点。“评课”、“磨课”、“议课”并不是非此即彼的关系，它们犹如铅笔、钢笔与毛笔，各有各的表现力，各有各的适用场合。并不是一种工具比另外一种工具好，而是一种工具比另外一种工具更适合某种情境。

从词义看，评是什么呢？是评价、评定、评论。评课是对课堂教学进行评论、评价和评定。磨是什么呢？在“如琢如磨”中，琢是成型的加工，磨是使其光滑、圆润的加工。磨课是对已经成型的课进行打磨和加工，使其更加精美。议是议论，是对话，是讨论。议课是讨论和发现课堂中各个环节、因素之间的关系，探讨课堂教学的种种可能，从而认识课堂、理解课堂、改进课堂。

从目的看，评课基于判定，目的在于分辨差别，判定等第，并把结论用于奖惩，评课针对的是人。磨课主要指向课堂改进，它是参与者对已经成型的课进行雕琢和打磨，目的是帮助授课者完善这一课，磨课针对的是课。议课针对的是某一有价值的教学问题，首先强调自助而不是帮助他人。可以说，磨课是参与者帮助授课老师

寻找教学改进方法，议课是参与者先自己思考再交流彼此的观点。需要作出判定和评价时，采用评课的方式更恰当；需要打造精美课堂时，可以采用磨课的方式；议课则更适用于日常的课堂教学问题研讨。

从对象看，评课主要针对的是授课教师的教育教学行为，当然高明的评委也会由此推测其行为背后的教育价值观念，然后做出评判。磨课主要定位于行为改进，更加关注行为，更容易就问题进行讨论，一般来说，出现了什么问题就讨论和解决什么问题。议课定位于以课堂教学为平台发展教师，它不是就事论事，而是通过观察教的行为和学的行为，讨论和发现各要素之间的关系，通过询问使教学行为背后的观念、假设明晰化。议课时，价值观念将成为讨论的对象，通过议课可以更新教师的观念，改变教育假设。

从参与者的地位看，评课有“评”与“被评”的主客体差异。磨课时授课者也会主动参与讨论，提出自己的疑问，但因为存在帮助和被帮助的关系，彼此也就很难真正地平等对话和交流。议课定位于自助和互助，因此，更容易也更需要建立真诚、平等的对话关系。

从准备看，评课不仅需要评价者价值中立，而且需要一套全面客观的评价量标。磨课的参与者更需要的是一颗无私帮助别人、成就他人的心。为了避免议课时缺乏指向和不深入，我们主张观课之前协商和明确观课议课的主题和要点。确定主题以后，则需要根据预设主题进行相应准备。

从结果看，评课是得出关于授课教师的教学水平和质量的结论，发现授课老师的优势和不足，并提供教学改进的方向。磨课是发现更加有效的教学路径，使课堂教学环节更流畅，师生互动更默契，教学效果更理想。可以说结果最终是求一的，这种“多中求一”可能成就和改变授课教师，促进授课教师成长，也可能使授课教师最终失去自我。议课是从这一课的故事出发理解教学，认识教学环节、要素之间的关系。一方面对这一课讨论和思考了更多的教学可能，另一方面走出这一课，获得了更具有普遍意义的教学指导思想，这就是“一中求多”。但有了多种可能以后，参与者还需要自己选择、自己思考，如果参与者不主动思考、选择，议课就可能无疾而终。从这种意义上看，议课更加需要的是教师的主动性和积极性。

促进理解的对话观

观课议课时要理解教学，理解自己，理解他人，而理解需要对话。

一、提供课前说明机会

让做课老师课前有机会对自己的教学做出说明，并对观课活动提出自己的意见和见解，这是尊重和理解做课教师及其课堂教学的一种表现。

（一）为什么上课前要做观课说明

2006年，我曾经观察过一位非常优秀的老师执教《第一场雪》。这位老师从“雪”引到“第一场雪”，然后介绍了作者与写作背景，在分析了下雪前、下雪中、下雪后的文章结构后，她把主要教学精力放在了引导学生学习作者的表现手法上。

议课时，这位老师说，一般情况下，这篇文章的教学都会以感悟作者的心情为主要目的，以有感情地朗读和体会文字的优美为主要手段，但她觉得在小学语文教材中，文字优美的文章很多，而这一篇文章点面结合、声色结合、人景结合、动静结合，在写作手法上十分有特色。她想让学生学习观察，学习写作，把体会到的感情表达出来。她认为这更适合六年级这一阶段的语文学习要求。

我觉得这位老师的处理很有突破性和超越性，而且也很合理。就在我对她表示称赞的时候，这位老师说，在赛课和平常的公开课中，很多老师是不会这样处理的。我问为什么，她说平常的公开课和赛课不给上课老师课前表达的机会，如果执教者的主要教学思路不是通过朗读来体味作者的心情，大家在听课时就会觉得教学偏离了原本的轨道，即使说课时授课教师说出自己的想法，但大家已经先入为主，准备好批评的话语了，而如果是比赛课，评委就不可能给高分。她接着说如果要和她讨论语文教学，她就可以坚持把自己的想法说出来。

这是一位在成都乃至四川得到普遍认同和尊重的小学语文教师。可就是这样一位老师，也会顾忌大家的看法，也会在公开场合被迫放弃自己合理的教学主张。

我在和老师交流时，常常提出这样一个问题："听完我的课，走出会场，你遇到了一个果农，果农提着一篮葡萄邀请你品尝，你会吃他的葡萄吗?"我发现大多数老师都摇头表示不会。我接着讲故事："在某一个时段里，这个果农热情地邀请了三个过路人，这三个人都疑惑地摇摇头走了。有人问这三个过路人为什么不吃他的葡萄。第一个是官员，他的回答是'他请我吃葡萄，是不是要请我办什么事情?我不吃葡萄，可以少惹麻烦'；第二个是琴师，他说'我看他的样子比较笨，教这样的人肯定费劲，不吃他的葡萄为好'；当问到第三个时，这位美女冷笑着说'几颗葡萄就想打我的主意，门儿都没有'。现在我要告诉你，这位果农的想法是'今年风调雨顺，葡萄大丰收了，我心里真高兴，我要把葡萄给大家吃，感谢老天爷的恩赐，同时也让大家分享我的成功和快乐'。我问大家，当你知道果农的动机和心愿的时候，你会吃他的葡萄吗?"我发现，刚才摇头的大多点头了。

为什么有这样的改变?因为我们对果农的行为动机有了了解。

在不了解的情况下，我们会以过去自有的经验去看别人，这就可能产生误解。

我们可以把做课教师看成果农，把他贡献的课看成葡萄，我们需要问自己：我了解了他的动机和想法了吗？我们必须承认，很多时候我们不了解。教师做课前的观课说明就是这样一种增进了解的途径和方式。

（二）课前说明的内容

观课说明属于说课范畴，但它又与平常的说课有区别：平常的说课需要对课堂教学的各个方面进行说明，而且需要论证；观课说明不必面面俱到，也不需要论证。一般来说，课前的观课说明包括以下三个方面：

一是要介绍教学背景。在评课的时候，我们发现，有很多观课老师并不清楚教学的进程和教学的背景，第二课时的教学任务，他们却提出要在第一课时完成，有时又完全相反。介绍教学背景，目的在于增进观课者对课堂情况的了解，对本课教学基础和后续发展的理解，这可以避免参与者在不知道教学背景的情况下产生误解。这里的教学背景可以包括先前学习基础、学生状况、目标任务等。

二是要介绍自己的教学创新。我曾经上过一次《卖火柴的小女孩》，我认为这一课的教学困难是如何理解作者一再强调小女孩死时“嘴上带着微笑”、“谁也不知道她曾经看到过多么美丽的东西，她曾经多么幸福，跟着她奶奶一起走向新年的幸福中去”。对于这里的“幸福”，把它理解成作者在批判资本主义的贫富不均不符合作者的宗教理想，而理解为“与上帝同在是一种幸福”又不符合我们的国情。我的创新理解是：对这样一个可爱的小女孩，善良的安徒生不忍心让她死得遗憾和痛苦，死得幸福是安徒生的安排，表现出了一种终极关怀。我上这一节课时就想和观课者讨论这样处理是否具有合理性和可操作性，是否还有其他更合理的方式。但课前我没有说课，大家并不知道我想研究和讨论这一问题。评课时，大家从各个侧面和细节进行表扬和批评。听着大家的批评，我突然意识到公开课是如何被挟持的：当做课教师的教学追求没有机会表达，或者不被理解的时候，做课教师只能选择迎合多数人的做法，而且要预先做好功课——多次试讲，反复锤炼，做好包装。

对于做课教师的教学创新，其他参与者不能先入为主，不能主观臆断，而是要先接纳、先倾听，以审视和研究的态度理解执教者的探索。我们认为，这样的课前说明不仅体现了对授课教师的尊重，而且有利于做课老师突破出于迎合心理的习惯教法，有利于教学创新。

三是介绍教学设想和主要的教学活动，提示重点观察的对象和时机。比如，提示观察对象，做课教师可以提出这样的要求："我班上有几位同学，上课老不能集中精力，也不知道他们上课在干什么。我上课要照顾全班同学，不能时时观察和研究他们。我请你们观察和研究他们，看一看他们到底在干什么，然后帮我想一想办法。"议课时，不要什么都说，观课者应提供做课教师希望获取的信息，并就相关问题和现象交流和讨论。这是我们期望的一种教研常态。

在做课老师做观课说明时，观课老师可以询问，可以提出自己的问题和意见，对极有可能失败的教学也可以劝止。但一般情况下，我们不主张提出过多的不同意见，这会影响做课老师的设计和信心，特别是在做课老师想尝试教学创新的时候，更不能轻易地否定，而应该在观课后共同讨论。

（三）不要当着学生的面做课前说明

我们建议，课前说明最好在学生不在场的时候进行。一方面，就像玩魔术，不能在魔术表演之前就把魔术的秘密揭示出来。把"我将怎么教"、"期望在学生中引起什么样的反应"等当着学生的面说出来就失去了授课的新意，失去了吸引力。另一方面，不当着学生的面说，还可以避免学生刻意表现。还要强调的是，学生始终是课堂中的主人，他们需要被尊重，所有的教研活动，都不能让学生产生自己只是“做课道具”的想法。

二、建立平等对话的议课关系

和一些观课议课的老师交流，他们说：“现在我们觉得参与议课很难做，说得太重，可能伤害到别人，而只说好话，又会被认为不诚恳。如何议课是我们的一个难题。”

议课当然要议，但不是一言堂，而是面对共同的问题，大家一起来贡献智慧，分享自己的思想。贡献和分享需要参与者有积极表达的意愿，需要参与者有足够的表达机会，需要营造平等对话的氛围和环境。

明确教研目标是营造平等对话的议课环境和氛围的前提。议课不是对课的好坏下结论，而是面向未来谋发展和思改进。议课的对象不是上课的人，而是课堂上的现象和事件。对课堂上的现象和事件的讨论和理解，目的不仅仅是促进做课教师反思和改进，而且是促进参与的每一位老师理解教学，改进教学。这样，参与者就不是置身事外，而是身在其中。

现有的课堂讨论，大致有这样的步骤：（1）由授课教师说课或做教学反思。（2）其他教师评课。这时，授课教师成了被帮助者和被改造者，这种身份需要“虚心接受批评”的姿态。其他教师则以帮助者和改造者自居，或者卖弄水平表现自己，或者当好好先生，期待下一次自己上课时得到同样的回报。这样，执教者就成了大家的“靶子”。（3）主持人对活动进行简要总结，并提醒下周上公开课的老师进行准备。（4）其他教师散去后，授课者一边疲惫地收拾教学用具，一边想着拒绝下一次上公开课的理由。

我们可以把这样的对话关系用图表示出来，在这种相互缺乏理解的对话关系中，只有单向的信息分享和观点表达，缺乏互动和交流，没有真正的讨论，也不可能有新的教学发现，教研只是“走过场”。

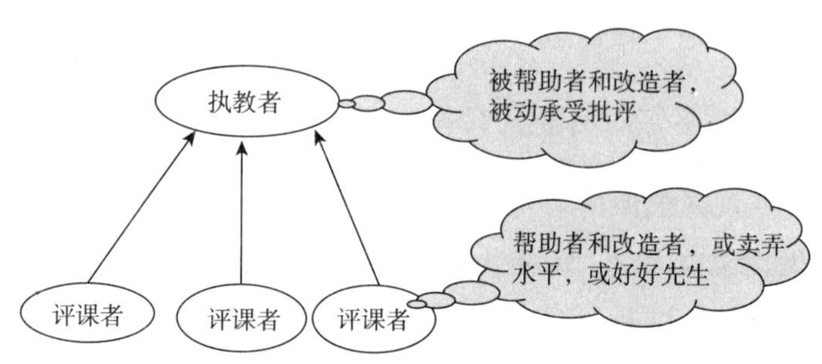

图7　评课中的不平等话语关系

改变这种单一的信息传递，观课议课要致力于建设图8所示的基于学习共同体的对话关系。在这种对话关系中，所有参与者都是平等的求知者，大家围绕课堂上有讨论价值的故事（案例）或者借助课堂教学中的现象讨论预先确定的观课议课主题。在这里，授课教师不再成为焦点，也不再被动承受，而是采用“假如你来教……”的话语结构。比如，求知者B对执教者A（也是一个求知者）的教学存有疑义，求知者B会说出自己的疑义。对求知者B的疑义，求知者A需要倾听和释疑，但在释疑后，要提出“你是怎么看待这个现象的”、“你是怎么思考的”、“假如你来教，你会怎么处理”等问题（这可以促使参与者不以批评者的面貌出现，而是担当起建设者的责任）。对于求知者A的问题，求知者B有责任作答，其作答可能会引起其他求知者的兴趣，他们会对求知者B的意见进行分析和探究。这样，执教者就不再成为“众矢之的”了。在这样的过程中，大家关注彼此的意见，共同进步和发展。

建设这种民主平等的对话关系，既需要参与者充分意识到自身的独特性，克服唯唯诺诺、消极接受的心态，也需要参与者防止以自我为中心，消除唯我独尊、拒人于千里之外的非合作态度。

需要相互敞开心扉，彼此尊重，做到自信而不封闭，虚心而不盲从。

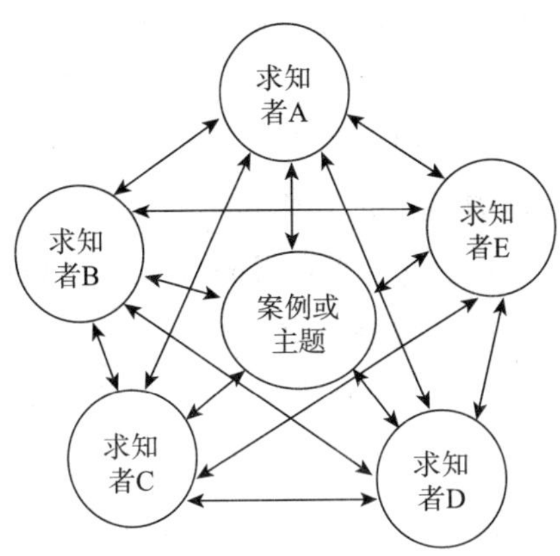

图8　议课中的学习共同体

三、用倾听传递关怀

读一读下面这个故事，不知道您有什么想法。

在圣诞节，一个美国男人兴冲冲地乘飞机往家赶，一路上幻想着一家团聚的情景。恰恰老天爷变脸，这架飞机在空中遭遇猛烈的暴风雨，随时有坠毁的可能，空姐惊恐地吩咐乘客写好遗嘱……后来，飞机终于平安着陆。

这个美国男人回到家后异常兴奋，不停地向妻子描述在飞机上遇到的险情，并且满屋子转着、叫着、喊着……然而，他的妻子和孩子对他经历的惊险没有丝毫兴趣，男人叫喊了一阵，发现没有人听他倾诉，死里逃生后的巨大喜悦与被冷落形成强烈的反差。在妻子去准备蛋糕的时候，这个美国男人爬到阁楼上，用上吊的方式结束了从险情中捡回的宝贵生命。

我从中获得的启示是：表达是一种实现，倾听是一种关怀。表达是人的基本生存和生活方式，失去了表达的权利，可能意味着失去生存与生活的意义。因此，剥夺表达的权利就是对参与者人生意义和价值的蔑视，而提供表达的机会则是为他人提供实现和证明自己的机会，是在成就他人。基于这样的理解，我们提倡观课议课从倾听开始。倾听是一种接纳，是一种关怀，我们通过倾听来成就表达者，帮助表达者实现自己。

佐藤学在《静悄悄的革命》中说："应当追求的不是'发言热闹的教室'，而是'用心地相互倾听的教室'。只有在'用心相互倾听的教室'里，才能通过发言让各种思考和情感相互交流，否则相互交流是不可能发生的。"为什么观课议课主张多采用问号？一方面，体现了探寻和发现，有利于促进思想，展开对话，彼此启发。另一方面，体现了愿意倾听的态度，同时也传递着关爱和理解。关爱和理解是相互影响的基础。传递着关爱和理解的倾听专注于对方的话语，并适时做出回应。不仅要认真倾听对方所说的话，还要努力去理解对方话语中隐含的意思。

下　篇

课程建设的问题与解答

学生的发展决定于生活在其中的课程，学校的产品是课程，教师的劳动价值在于提供对学生发展有利且合理的课程……

教师应致力于解决课程实践问题，在课程建设中追求和实现课程理想。

用课程体现学校和教师的价值

问题：

陈老师，我在教学中遇到这样一个问题，有两兄妹都在我教的班级，哥哥成绩不好，妹妹成绩好。在家访中，他们的家长说“妹妹成绩好是因为她聪明，哥哥成绩不好是因为你们老师没有教好”。搞得我不知道怎么回答。你怎么看待这个问题？

思考和解答：

我建议你反省一下家访的方式并改善与家长的关系。如果家长理解、接纳你，信任、尊重你，他可能就会说：“妹妹成绩好是因为你们老师教得好，哥哥成绩不好是因为他太调皮和不够聪明。”

看了你的问题，我想起了一位优秀教师所说的话：“22 年中我为国家培养了近千名大学生，30 多名博士。一次小聚，来的 12 名学生中有 9 名博士，从不喝酒的我幸福地醉了。”（《人民教育》2010 年 15、16 期合刊第 24 页）家长把成绩好归结于自己的孩子聪明，把成绩不好归结为老师教得不好，这让老师接受不了。作为老师，我们是不是也习惯于把学生成才归结为自己的功劳，把不成才归结于学生不聪明，家庭环境不好？这是不是同样不合理？一个人从幼儿园读到博士需要多少年！这位老师才工作 22 年，怎么就敢说培养了 30 多名博士？

我这样说，并不是否定你在教学中付出的努力，也不否认上述那位老师所做的杰出贡献。我只是想说，用学生的成绩和成就来评价教师的劳动并不合理。你应该想一想自己为学生的成长提供了哪些帮助，比如，为妹妹做过什么，为哥哥你又做过什么，你的教育对妹妹的成长是否有益，对哥哥的教育是否合理。

这是一个大问题，你看看我曾经写的《学校的产品和教育的评价》，或许能更清楚地理解我的想法。

周彬在《叩问课堂》中曾提到对一位高中教师的访问。这位高中教师以“培养二三十个清华、北大的学生”为目标，并以“已经培养了七八个清华、北大的学生”为荣。而当被问及这七八个清华、北大的学生是如何培养的时，这位老师却无法回答：“清华、北大的学生是如何培养的，这怎么知道呀？”对于这位老师的抱负和成绩，他所在学校的校长很不以为意：“这家伙又在搞个人英雄主义了，这七八个清华、北大的学生，就他一个人可以培养得出来吗？还要培养二三十个清华、北大的学生，这不知会抢多少教师的功劳，会伤多少教师的心！”①

这可以用作我们讨论的例子。由此我们可以提出这样一些需要讨论的问题：

校长意识到这位老师“已经培养了七八个清华、北大学生”的说法抢了其他老师的功劳，会伤其他老师的心，不知道校长是否意识到，当他的学校大肆宣传升学成绩时，也抢了家长、小学教师、初中教师乃至其他社会教育工作者的功劳？是否意识到决定这一切的首先是学生本身的素质基础和努力？

这位老师不能回答“清华、北大的学生是如何培养的”这一问题，不知道自己为培养这些学生做了什么，那么他是否思考过，教师的生活意义和价值到底是什么？

当一所名校不能说清楚自己是如何培养学生，用什么来促进学生成长和变化的时候，其他学校会不会认为这所名校只是占了一个“好的教育口岸”，有更多、更优质的教育资源，包

① 周彬．叩问课堂［M］．上海：华东师范大学出版社，2007：39－40．

括有机会招收到学习基础更好的学生？

……

对这些问题追根溯源，需要问答的就是“学校的产品是什么”、“教师的责任和使命是什么”、“如何对教师的劳动和学校的产品进行评价”等教育的根本问题。

一、教育的产品是什么

教育是人类自身再生产的一种重要方式和手段，教育的目的在于促进人的成长和发展。学校是承担教育责任和使命，组织和实施教育活动的专门组织。在人类再生产的社会实践中，学校的作用是什么？学校的产品又是什么呢？

（一）不能把学生看成学校的产品

从学校里走出来的是学生，所以最容易想到的是学校的产品就是学生。其实学生不是学校的产品，不能把学生当成产品。

曾经看到这样一个故事：老师让同学们用“发明”和“发现”造句，一个小朋友造的句子是“我爸爸发现了我妈妈，我爸爸和我妈妈一起发明了我”。虽然这可能是一个笑话，但它提醒我们，孩子是父母繁衍的下一代，如果非得说学生是产品，首先就应该归功于父母。教育学告诉我们：学生的发展首先会受到遗传因素的影响。杜威说：“遗传是教育的极限。”① 从遗传学角度看，父母为孩子提供的生物学基础是孩子一生成长变化的前提。另外，孩子出生以后，还有相当长的时间生活在父母身边，父母是孩子的第一任老师，家庭环境和家庭教育对学生的影响也不能低估。

不能把学生看成产品，意味着不能把学生的素质、学生的成绩看成学校的产品。早在20世纪60年代，美国学者科尔曼

---

① 约翰·杜威．王承绪，译．民主主义与教育［M］.2版.北京：人民教育出版社，2001：84.

调查发现：以前我们一直视为决定学生的学习成绩的因素，比如教师经验、课本质量、班级规模、硬件设施等恰恰与学生的学习成绩没有什么关系，学生的成功75%来源于其社会经济、家庭、文化背景，而这些因素不是教师们能控制得了的。“科尔曼报告”告诉我们，学生的学习成绩好坏不全是由他们的老师决定的。

不能把学生和学生的成绩看成产品，还因为我们不能无视生命的生长性和人在生长过程中的主观能动性。一方面，人的成长是在生长中实现的，而不是从外部塑造的。另一方面，人具有主观能动性，学生不仅有生命，而且有情感、能选择、能创造，所以，尽管会不同程度地接受社会环境、学校教育的影响，但走出学校的他们终究是自我选择和自我塑造的结果。可以说，是教育帮助了他们，而不是教育塑造了他们；教育不是提供了人才，而是为人才的生长创造了条件，提供了支持，教育的生产性体现在创造这样的生长环境和条件。

（二）实践中的教育把学生和学生的成绩当成了产品

尽管在理论上没有“学生是学校的产品”的说法，但在现实实践中，教育却在循着“学生是学校的产品”、“学生取得好成绩是学校和老师的功劳”这样的规则。比如，“生源大战”，抢好的生源就是为了获得更好的加工“原料”，以便“加工”出更优质的“产品”。又比如，应试教育，就是以社会期望的“型号”对学生进行“塑造”，这样，学校成了工厂，学生成了被加工的物件。再比如，升学率的炒作，升学状元的炒作，成名学生的炒作，学生实际上成了代表办学水平和质量的产品。

笔者认为，教育中诸多困惑和问题的根子在于把学生和学生的成绩看成了学校和教育的产品。

首先，学校的狂妄和社会对教育的苛责并存。对优秀学生的成长和成才，学校往往贪天功为已有，表现出不应有的狂妄和骄傲。走进学校，很多校长指着名校友的照片介绍，脸上满是骄傲。与此相应，既然学生是你的产品，你就该承担产品不合格的全部责任，有了问题你就要担当。这样，社会的毛病全部都要归于教育，板子都要打在教育、打在学校、打在教师身上，社会对教育的苛责也就随之而生，学校和教师被无限的社会责任压得喘不过气来，教育失去了应有的独立和尊严。

其次，教育和管理行为错位。当管理者把关注产品的目光锁定在学生身上的时候，学生的质量成了衡量教育质量的唯一标准，这很容易导致重结果轻过程的管理现实。学校和教师是如何影响学生发展的？是如何实现学生发展的？教育过程是否人道、是否科学？……这样的问题得不到应有的研究和关注，素质教育也就只能停留在口号和文件中。管理的取向和行为直接影响着教师的工作取向和行为方式。当教师把全部力气用在加工和塑造学生的时候，加班加点难以杜绝，机械重复的训练难以避免，学生的负担越来越重，应试现象越来越触目惊心，尊重学生、发挥学生的主体性就只能成为美好的愿望。

第三，教育评价不公。不容置疑，办学条件好的学校更容易获得更优质的生源。在这里，“更优质”不仅意味着学生的智力条件和原有基础相对出色，而且意味着家庭学习条件和社会学习环境相对优越。受多种有利因素的影响，这样的学生更容易成才。很显然，以学生的质量作为办学水平和办学质量的评价标准，对处境不利的学校和教师很不公平。评价中的“马太效应”，加大了名校和处境不利的学校之间的差距，打击了处境不利的学校的发展积极性。

第四，用分数评价教师给教师带来了巨大伤害。很多老师变得短视和功利，他们放弃了遵循规律的科学施教，迷恋于加班加点和题海战术，由此导致体力上的巨大耗费，其结果是很多教师未老先衰，身心疲惫。一些在处境不利的学校工作的教师，由于没有教出高分的学生、出色的学生，得不到应有的肯定和赞誉，失去了自我认同感和价值感。

（三）学校的产品也不是服务

教育要为人的发展服务，因此有一种说法就是“教育的产品是服务”，其实服务本身不是产品。马克思在谈到某些文化艺术产品与一般物质产品的不同特点时曾经说过：“一个歌唱家为我提供的服务，满足了我的审美需要；但是我所享受的，只是同歌唱家本身分不开的活动，他的劳动即歌唱一停止，我的享受也就结束；我所享受的是活动本身，是它引起我的听觉的反应。”① 歌唱家实现了对听众的服务，但我们不能说服务是他的产品，他的产品应该是他发出的声音。也就是说，服务只是功能，服务还需要一种中介产品来实现。同样，“促进人的发展的服务”只是教育的一种功能，实现这种功能也需要一种“中介物”，这种“中介物”才是真正的产品。

（四）学校的产品是课程

马克思曾经指出：“一切劳动，从一方面看，是人类劳动力在生理学意义上的耗费；作为相同或抽象的人类劳动，它形成商品价值。一切劳动，从另一个方面看，是人类劳动力在特殊的有一定目的的形式上的耗费；作为具体的有用劳动，它产生使用价值。”② 在我们讨论产品的时候，我们需要注意到产品应该具有两个基本属性：首先，产品不是一种自然物，它一定凝结了人类劳动。是不是你的产品，需要看你是否对它付出了劳动。产品是人类劳动的成果，劳动的结果是为产品赋值，使产品获得附加值，增加有用性。二是产品能够满足人的某种需要，具有有用性。人的劳动具有目的性，产品总是基于人的某

① 马克思，恩格斯．马克思恩格斯全集：第26卷第1分册［M］．北京：人民出版社，1972：436.

② 马克思．资本论［M］．北京：人民出版社，1975：6.

种需要而生产的。教育是为了学生。什么是学生？笔者认为，狭义的学生就是在学校里，在学校成员的影响和帮助下，学习生存本领，获得生活智慧，体验生命意义的人。学校的产品在于促进学生学习生存本领，获得生活智慧，体验生命意义。

教师在教学实践中对什么“中介物”付出劳动，使其增加有用性呢？在北京师范大学出版社所编的小学语文教材（四年级上册）中，有著名作家刘绍棠的一篇《师恩难忘》，文章回忆了小学学习时，田老师是如何教他们语文的：

田老师先给二年级和四年级同学上课，叫三年级学兄把着一年级学弟的手描红。描红纸上是一首小诗：“一去二三里，烟村四五家。亭台六七座，八九十枝花。”……他先把这首诗念一遍，又连起来讲一遍，然后，编出一段故事，娓娓动听地讲起来。我还记得故事的大意是这样的：一个小孩子，牵着妈妈的衣襟儿去姥姥家，一口气走了二三里地。路过一个小村子，只有四五户人家，正在做午饭，家家冒炊烟。娘儿俩走累了，看见路边有六七座亭子，就走进一座亭子里去歇歇脚。亭子外边，花开得很茂盛，小孩子伸出小手指念叨着：“……八枝，九枝，十枝。”他越看越喜欢，想折下一枝来。妈妈拦住了他，说：“你折一枝，他折一枝，后边歇脚的人就看不到花儿了。”后来，这儿的花越开越多，数也数不过来，变成了一座大花园。我听得入了迷，恍如身临其境。田老师的声音戛然而止，我却仍在发呆，直到三年级的大学兄捅了我一下，我才惊醒。……田老师每讲一课，都要编一个引人入胜的故事。我在田老师那里学习四年。听了上千个故事，有如春雨点点，滋润着我。

刘绍棠记住了这样的教学故事，可以说这些故事对他的成长产生了影响。故事中，田老师的劳动主要表现在两个方面：一是改造教材和补充教学内容。他用讲故事的方式使教材内容情境化，使其更适合小学生学习和理解，增加教学内容的教育性；二是把学生组织起来引起学生的学习活动，比如，促进学生想象情境，在情境中思考和理解，在学习活动中发展想象力，理解道德行为，受到审美教育。

学习环境和学习活动，这是影响和促进学生发展的直接而现实的因素。教育的任务在于提供有助于学生成长和发展的环境，在于组织学生参与能够实现成长和发展的教育活动。我们可以把对学生产生影响的教育环境和教育活动称为课程。利用和开发对学生产生影响的教育环境和教育活动就是教师的使命和责任，教师的劳动是建设和开发课程，学校的产品就是课程，教育为人的发展提供课程。

二、作为教育环境和教育活动的课程

理解产品是为了开发产品，理解课程是为了开发和建设课程。课程是一个充满歧义的概念，需要在复杂的语境中讨论和实践。施瓦布曾经指出："课程领域复兴的希望在于把主要精力从用于追求理论转向顺应实践。"[①] 佐藤学也认为："'课程实践'（curriculum practice）是课程研究的核心对象。"[②] 从顺应实践的角度看，从学校和教师实践工作性质的角度看，笔者认为，课程就是学校组织成员共同创生的、对学校成员产生影响的教育环境和教育活动，或者说，课程就是为了实现教育目标而组织的教育环境和教育活动。这是一种大课程的概念，它包含了作为课程实施的教学。

（一）课程作为一种影响人的环境

1. 什么是环境

人生活在环境中，环境对人的影响直接而现实。孔子认为：

---

① 转引自：施良方．课程理论——课程的基础原理与问题［M］．北京：教育科学出版社，1996：170.

② 佐藤学．钟启泉，译．课程与教师［M］．北京：教育科学出版社，2003：14.

“里仁为美。择不处仁，焉得知?”荀子则说：“蓬生麻中，不扶自直；白沙在涅，与之俱黑。”孟母三迁，说的是孟子母亲为了孟子的成长而三次选择居住环境的故事。

那什么是环境呢？杜威认为：“环境包括促成或阻碍、刺激或抑制生物的特有的活动的各种条件。”[①]“环境由一个生物实行其特殊活动时有关的全部条件所组成。社会环境由社会任何一个成员在活动过程中和他结合在一起的所有伙伴的全部活动所组成。”[②]笔者认为，就教育而言，教材、语言、周围的人和刺激等构成了影响人的发展的环境。

杜威说：“过去创造的文献，只要人们现在还掌握并加以利用，就是个人当前环境的一部分。”[③]“显然，学校课程的各门学科或教材和提供环境的事有密切的联系。……教材直接包含在社会交往的情境中。”[④]教材是影响学生发展的一种环境，提供和改造教材意味着建设和发展课程。

这是一名学生的教育叙事[⑤]：

“杰弗，这是一个需要真正开动脑筋的问题。你看你是否能够解决?”

我走到黑板跟前，很快就列出了方程。我是刚来到这所学校的，而且这里的课程对我来说都非常容易。

老师看了看我的答案，说：“非常简便。”然后，她开始解说解题的步骤，并开玩笑地说：“我们真幸运，班里有这样一位天才!”

我会心地笑了笑，但是当我回到后面的座位时，我清楚地

---

① 约翰·杜威．王承绪，译．民主主义与教育［M］.2 版.北京：人民教育出版社，2001：17.

②③④ 同上书，28、83、197.

⑤ 马克斯·范梅南．教师敏感性和教师行动中的实践性知识［J］．北京大学教育评论，2008，（1）：3.

听到有人在骂我，而且还有人发出不屑的声音。有些同学朝我冷笑或向我翻眼，有些人则充满敌意地看着我。我这才意识到，这所学校的情况很不一样，同学们并不认为学习好就“酷”。

我感到有些奇怪，在我的这所新学校里，如果你显得学习好，多数同学反而会疏远你。

渐渐地，我学会了如何装聋作哑。

在这里，他人的行动和态度成了影响和改变人的环境。杜威说：“儿童的社会环境是由文明人的思维和感情的种种习惯的行为构成的。”[①] 在影响学生发展的他人中，教师是十分重要而特殊的角色。教师对于儿童发展的意义，不仅在于教师要提供和改造教育环境，而且自身就是学生周围的环境。从这种意义上讲，发展教师就是建设和开发课程，而且是最有效的建设和发展课程的方式和途径。

有一位老师，新到一所小学当班主任，发现这个班的同学在早读时间很吵闹，而且迟到的很多。开始，她用批评干涉的方法试图改变学生，但一周的实践证明了这种方法的徒劳。新的一周开始，同学们走进教室时，发现班主任端坐在讲台前，不再干涉他们，而是旁若无人、声情并茂地朗读自己喜爱的作品。同学们好奇地围在老师周围探究，很快，一些同学被老师朗读的作品吸引，另外的一些同学则回到自己的座位，拿出了课本和自己喜爱的东西。一个月以后，班上再没有迟到的学生了，教室里响起的是老师和同学们的读书声。

读书的目的应该主要定位于充实和完善自己，它不能过于功利，也就是不能为了给其他人看而读书。但就教师的工作性质看，教师的行为却常常被学生“看到”。在这里，教师读书

---

① 约翰·杜威．王承绪，译．民主主义与教育［M］．2 版．北京：人民教育出版社，2001：83.

被学生观察到，由此影响了学生的学习，教师成了影响学生、改变学生行为的环境。

一些老师说："现在的学生根本不爱学习。"这是很多老师痛苦的源头之一。在这里，我们不讨论这个结论是否符合事实。我们可以问自己以下问题：我们爱学习吗？我们爱读书吗？当我们告诉学生学习的重要意义并要求学生爱学习时，我们是否在用自己的行为证明我们说的不是假话？学生从我们身上看到和感受到的是什么？我们是否敬畏知识？是否坚信知识对整个人类和个体有重要意义和价值？在共同分享人类历史文化遗产时，我们是否赋予知识以生活意义，使学生意识到知识改变命运的巨大力量，从而渴求和敬畏知识？

我想，这些问题很值得我们认真思考和回答，而且这种回答还不能仅仅停留在口头上或者文字中。回答好了这些问题，学生不喜欢学习的现象可能就会有一定的改变。

在诸多环境资源中，语言"代表着为了社会生活的利益经过最大限度改造的物质环境——在变成社会工具时物质的东西已丧失他们原来的特性——所以，和其他工具比较起来，语言应起更大的作用"①。在教室里，有声是一种环境，无声是一种环境，不同的声音和语言构成了教室里的语言环境。

环境环绕在我们周围，走进学校，花草树木、图画文字、他人的问好和微笑等是环境，教学设施、书本中的经验、师生的活动等也是环境……

2. 创设教育环境是教育的使命和责任

杜威在《民主主义与教育》中反复强调："成人有意识地控制未成熟者所受教育的唯一方法，是控制他们的环境。他们在这个环境中行动，因而也在这个环境中思考和感觉。我们从

---

① 约翰·杜威. 王承绪，译. 民主主义与教育［M］. 2版. 北京：人民教育出版社，2001：46.

来不是直接地进行教育，而是间接地通过环境进行教育。”①“人在社会环境中生活、行动、存在；这种社会环境就是指导活动的长期有效的力量。”②“学校的任务就是设置一个环境，在这种环境里，游戏和工作的进行，应能促进青少年智力和道德的成长。”③“教师在教育事业中的任务在于提供刺激学生的反应和指导学生学习过程的环境。归根到底，教师所能做的一切在于改变刺激，以便反应尽可能使学生确实形成良好的智力和情绪倾向。”④

教育的使命和学校的责任在于创造环境。“大家的共同目标只有一个：为学生创造一个能让他们感到自在、自信的学习环境。”⑤“今天，校长们必须肩负的职责扩大了无数倍，其中一项最主要的内容就是创造一个确保所有学生都能对成功有所体验的学习环境。”⑥“校长的职责之一是，创建并维护一种积极的校园氛围。在这里，老师们能安心工作，学生们能安心学习。因为个人和团体的价值观不一样，每个人心中的良好氛围也不同。领导为改善氛围，需要处理好分歧、期望和现状的关系，最终的目的是提升学习环境。校长，最应该为一所学校的氛围负责，就像老师必须对他的课堂负责一样。”⑦

3. 让学校和课堂中的环境具有教育的意义和价值

学校和课堂不是完全自然的环境，而是一种特殊的环境。“这个特殊的社会环境有三个比较重要的功能：一是简化和安

---

① 约翰·杜威. 王承绪，译. 民主主义与教育［M］. 2版. 北京：人民教育出版社，2001：25.

②③④ 同上书，34、213、197.

⑤ 桑德拉·哈里斯. 方雅婕，李静，译. 美国获奖中小学校长的建议［M］. 北京：中国青年出版社，2001：59.

⑥ 同上书，18.

⑦ 转引自：托德·威特克尔. 田丽，译. 如何调动和激励教师［M］. 北京：中国青年出版社，2007：112.

排所要发展的倾向的所有因素。二是净化现有的社会习惯并使其观念化。三是创造一个更加广阔和更加平衡的环境，使青少年不受原来环境的限制。”① 教育环境中凝结的教育工作者的劳动，就是学校组织成员出于育人目的，对环境因素进行的计划、安排、加工和改造。

教师的工作在于安排和改造学生生活在其中的教育环境。杜威说：“我们已经说过，有意识的教育就是一种特别选择的环境。这种选择所根据的材料和方法都特别能朝着令人满意的方向来促进生长。”② “学校的任务不在于把青年从一个活动的环境转移到死记硬背别人学问的环境，而在于把他们从相对来说是一个偶然的活动（它们和领悟和思维的关系是偶然的）的环境，转移到按学习的指导选择的活动的环境。”③ 维果茨基认为：“教师是教育环境的组织者，是教育环境与受教育者相互作用的调节者和控制者……社会环境是教育过程真正的杠杆，而教师的全部作用则可归结为对这一杠杆的管理。”④

（二）课程作为人参与其中的活动

“个体的智慧和知识是通过与环境相互作用而得以生长和发展的。”⑤ 环境只是人发展的外在条件，课程的效益来源于人与周围环境交往互动，并发现其中的关系和意义。1976 年，联合国教科文组织在《国际教育标准分类》中这样定义教育：“教育是有组织、有目的地传授知识的工作。”1997 年该文件得以修订，该定义变成了“教育是能够导致学习的交流活动”，可见，教育是组织和提供促进学习的活动。

---

① 约翰·杜威．王承绪，译．民主主义与教育［M］.2 版．北京：人民教育出版社，2001：29.

②③ 同上书，45、292.

④ 转引自高文．教育模式论［M］．上海：上海教育出版社，2002：373.

⑤ 施良方．学习论［M］．北京：人民教育出版社，2001：162.

在教育活动中凝结的教师的劳动，具体表现为对教育活动的设计和安排，以及对活动参与者的组织和指引。“教师要在课堂里，把课堂环境设计成活动性、合作性学习的场所，设计具备了教育内容的意义与魅力的学习经验，促进活动性、自立性、合作性的对话性实践。”① “教育和教学的技巧和艺术在于，要使每一个儿童的力量和可能性发挥出来，使他享受到脑力劳动的乐趣。”② “利用天然的或人为的物质条件，引导出别人的应答性行为”③。

活动具有性质和水平的差异。“在理想的教学过程中，教师应鼓舞儿童在活动时开动大脑，运用观察和推测、实验和分析、比较和判断，使他们的手足耳目和头脑等身体器官，成为智慧的源泉。”④ 笔者认为，教学效率＝同学们围绕教学内容的适度紧张的智力活动时间/教学所用时间。在智力活动中要“使每一个学生有机会在有意义的活动中使用他自己的力量”⑤。

（三）课程是环境和活动的结合

活动总是在一定的环境中进行的，总是需要一定的活动材料作支持，可以说活动离不开环境，环境影响和制约着活动。人不是被动地适应环境，人能主动地利用和改造环境，人的活动本身提供和影响环境。活动提供了经验，活动驱使了人与环境的对话，人在与环境的互动中建构和改造自己的经验。教育

---

① 佐藤学．钟启泉，译．学习的快乐——走向对话［M］．北京：教育科学出版社，2004：47.

② 苏霍姆林斯基．杜殿坤，译．给教师的建议［M］．北京：教育科学出版社，1984：2.

③ 约翰·杜威．王承绪，译．民主主义与教育［M］．2 版．北京：人民教育出版社，2001：41.

④ 约翰·杜威．王承绪，译．民主主义与教育［M］．2 版．北京：人民教育出版社，2001.

⑤ 同上书，188.

是价值引导与自主建构的互动和融合，教育环境的提供体现价值引导，教育活动的参与实现自主建构。教育环境和教育活动的互动性特征体现了课程内容和方法、预设和生成的内在统一。教师的能力也就表现为提供教学环境的能力，以及对教学活动的指引和控制能力。

三、建立以课程为主要对象的教育评价体系

《国家中长期教育改革和发展规划纲要（2010—2020年）》提出："不得以升学率对地区和学校进行排名，不得下达升学指标。"但这只是一种禁止性规定，我们还需要一种新的指标体系去评价学校和教师。在这里，没有明确的"立"也就难以实现真正的"破"。立什么？笔者以为需要建立以课程为主要对象的教育评价体系。

比如，我们可以通过学校、教师在课程建设中的理性水平和实际付出，考量学校、教师在课程建设和开发中的劳动付出；通过课程表现、实践的形态与质量（课程的教育性、丰富性、适切性、可选择性、经济性），考量学校、教师的课程水平和质量；通过学生在课程实践中变化的增量，考查学校、教师的课程效益和价值。

如果用课程来评价学校和老师，我们不仅要问你教过多少优秀的学生，而且要问你为这些优秀学生的成长做过什么，为这些学生提供了什么样的课程，在开发和实践这些课程中有什么样的追求，付出了什么样的劳动。如果你不能证明学生从你那里得到过课程的帮助，就不能把这位学生的成才归功于你。

笔者的乐观期望是，评价课程的合理性和有效性，可以引导社会、学校、家长把精力用在关心和建设高质量、高水平的课程上，而不是把心思用在如何给学生施压上，这有利于把减负落到实处。课程合理了，学生的成长也就更容易朝着理想的方向发展。

什么样的课堂是理想课堂

问题：

陈老师，最近几年来，有很多成功的课堂教学模式引起了大家的关注，比如杜郎口的“六三三”模式，洋思中学的“先学后教”，东庐中学的导学案……。也有一些新的教育思想和理念在广为传播，比如生本教育理念，生命化教育的理念，还有新教育的理念……

我们学校的办学条件不错，也很注重派人外出学习，可以说对于很多好的东西，我们都去学过了。现在我们觉得不好把握的是：到底什么样的课堂才是理想的？什么样的教育才是值得追求的？

思考和解答：

我以为，这些理论和实践都是很有研究和学习价值的，问题在于如何学习和研究他们的经验。我以为在学习过程中要“我心有主”，也就是自己要对一些教育的根本问题进行追问，建构自己的教育哲学，自己心中要有一个大的框架。

这几年和老师们一起观课议课，有很多老师也问我心中的理想课堂是什么样的。我说，从状态看，理想课堂是师生共同经历和享受美好生活的课堂；从结果看，理想课堂是有利于帮助学生获得生存的本领、生活的智慧的课堂；从投入和产出看，理想课堂是有效教学的课堂。

一、理想课堂是师生共同经历和享受美好生活的课堂

对于教育与生活的关系，大致有两种观点：一种观点强调“教育是生活的预备”，认为教育要为将来的工作和生活做准备，即教育是为了未来。另外一种观点强调“教育本身就是生活”，教育着

也就在生活着，教育的过程是生命活动的过程。教育作为促进美好生活的一种手段，它本身也是目的。我首先看重的是“教育本身就是生活”。

把教育看成是生活的预备的人有一种理想主义的情怀，犹如一根长长的甘蔗，他们能从不甜的一头吃起，怀着“后面能吃到甜的”的理想。但这样的吃法引出了一个需要讨论的问题：在吃的过程中老感觉不到甜味，会不会产生“这根甘蔗不甜”的想法而放弃吃这根甘蔗？推而广之，教育中有没有因为感受不到快乐而放弃学习的？肯定是有的。最极端的放弃是对生命的放弃，因为学习失败、学校生活痛苦而放弃生命的情况并不鲜见；另外一种放弃是辍学、弃学和逃学；更常见的放弃则是“身在曹营心在汉”，课堂上那些冷漠的神情、呆滞的目光告诉我们他们的心已经不在课堂上、不在学习中了。2008 年 4 月 2 日的《成都商报》报道了这样一则消息：某地一名小学生因爱说话、成绩差，被安排在教室的最后一排。10 岁的他，耗时 5 个月在教室的墙上挖出了一个 46 厘米的深洞。我们可以看出这个小孩在做着逃跑的努力！我们可以想一想：如果允许，有多少学生会在我们的课堂上选择逃跑？

要让学生继续吃甘蔗就要让他尝到甜味，热爱生活是因为感受到了生活的乐趣，而要让学生愿意到课堂学习首先课堂应该是快乐的。基于这样的思考，观课时我更愿意把目光放在学生身上，关注学生的眼神，我想知道他们是否因为受重视而自尊自信，是否因为课堂能实现自身的成长而渴望，是否因为参与其中而获得认同感和成就感，是否因有所得而欣欣然……

课堂也是教师生活的场所，理想课堂上的教师表现出的不应是“蜡烛燃烧”、“春蚕吐丝”的凄苦和无奈，他们会因为创造性设计而对未来教学充满渴望，会因为教学中的创造和超越充满快乐，会因为和学生教学相长而欣喜。在这样的课堂上，看到的不仅是授课教师的智慧和激情，还有授课教师的生长喜悦，生命的张扬和释放。

二、理想课堂是能帮助学生学会生活的课堂

强调“教育本身就是生活”，不能忘记教育为未来生活预备的责任。教育的对象是学生。学生要学习生存，学习生活。生存的本领需要社会化适应，生活的智慧需要超越和突破，需要个性化发展，学会生存和生活是社会化适应和个性化发展的有机统一。

杜威在《民主主义与教育》中说：“课堂教学可以分成三种：最不好的一种是把每堂课看作一个独立的整体。这种课堂教学不要求学生负起责任去寻找这堂课和同一科目的别的课或别的科目之间有什么接触点。比较聪明的教师注意系统地引导学生利用过去的功课来理解目前的功课，并利用目前的功课加深理解已经获得的知识。……最好的一种教学，牢牢记住学校教材和现实生活二者相互联系的必要性，使学生养成一种态度，习惯于寻找这两方面的接触点和相互的关系。”理想的课堂当然应该追求和实现“三维目标”，但这需要一种新的自觉，那就是在追求“三维目标”中帮助学生学习生存的本领和生活的智慧，通过教育，使学生的未来更加敞亮。

好的教育既建构知识，也建构未来生活的方法，更重要的是建构学生对自己的认识和理解。课堂上教师是否有意识地、尽可能地为学生的人生提供帮助，这是我观察课堂的又一视角。

三、理想课堂是有效教学的课堂

有效教学是近年来备受关注的一个话题，从投入和产出看，理想课堂应该是有效教学的课堂。观察有效教学，需要从以下三个层次入手。

首先要有效果。杜威说：“一个有效的反应就是能完成一个可以看到的结果的反应。”教师的教学行为是引起、维持或促进学生学习的行为。看教学行为是否有效果就是看教师的行为是否引起了教师期望的跟进反应。比如你向学生提出一个需要思考和回答的问

题，如果学生思考了或者应答了，说明你的行为是有效果的；如果学生无动于衷，就说明你的行为是无效果的。

其次要有效益。有了效果才可能有效益，但有效果的行为未必有效益。

> 在一节初中语文课上，老师在多媒体投影屏幕上输入了一个讨论题目，组织学生分学习小组讨论，小组成员讨论得十分认真。然后各小组交流讨论结论，同学们的思维很开阔，课堂气氛十分活跃。
>
> 同学们讨论结束后，屏幕上显示出了老师已经准备好的结论，大家忙着记结论。个别同学开始嘟噜："早就有了答案，还要我们讨论干什么？我们讨论出答案也没什么意义，直接拿出来省事得多。"

老师要学生讨论，学生就讨论，出示结论后，学生就开始抄写，学生的反应是老师期望的。可以说，老师的教的行为产生了效果。但老师在学生讨论以后直接展示预先准备的答案，这一教学行为有效益吗？我们可以想象一下，多出现几次这样的情况，这些学生还会积极参与讨论和回答问题吗？恐怕不会了。他们会意识到，讨论只是做一做样子，没有什么价值。以后他们遇到这样的情况就会选择等待，等待老师的答案，等待屏幕上显示。

再次要有效率。有效率的教学需要建立在有效益的基础上，有了效益，方向上是我们需要的，这时就可以讨论有效率的教学了。实践中，我们建构了这样的教学效率公式：教学效率 = 同学们围绕教学内容的适度紧张的智力活动时间/教学所用时间。考查教学效率需要抓住时间这个关键点。从经济学角度看，教学中最大的投入是时间投入，时间应该是衡量教学效率的主要指标。另外，重视时间体现了重视过程，希望通过观察过程研究效果，通过改善过程提升效果。

提高教学效率从时间入手，一是可以考虑缩小分母，减少教学中的时间浪费，节约时间成本；二是争取加大分子，即使同学们围绕教学内容的适度紧张的智力活动时间延长。

（1）在分子中，关注的对象是指向学生的，它强调教师的教是为学生的学服务的，这样，评定教学效率就应以学生的学习状态和学习活动为依据。

（2）强调智力活动，是为了区别教学中的形式主义。苏霍姆林斯基认为："教育和教学的技巧和艺术在于，要使每一个儿童的力量和可能性发挥出来，使他享受到脑力劳动的乐趣。"应该说，学生的学习活动还是以心智活动为主，学生的发展变化主要依赖于自己的心智活动。教学的主要任务是提高学生的心智水平，教学要触动心灵，教学要发展智慧，教学要服务于这个主要目标。基于这样的思考，我们评估各种教学活动是否有效时，就需要看其是否提高了学生的心智水平，是否让学生享受到了智力活动的快乐。

在"智力活动时间"前加上"适度紧张"予以限制，是为了保障智力活动的质量。已有经验的简单再现和低水平重复不可能促进学生的智力发展，只有在"最近发展区"里活动，使学生的智力活动处于适度紧张的状态，才有可能促进学生的智力发展。而且学习的快乐和成就感主要建立在完成具有挑战性的智力任务上，低于现有发展水平的重复学习带给学生的往往是单调和无聊。从这种意义上讲，参与适度紧张的智力活动能够促进学生享受美好的课堂生活。

实践中，我们发现，"适度紧张的智力活动时间"是评估教学有效性的主要依据。有的课，尽管全班同学最后都能做好练习题，但效率并不高，因为学生在整个课堂中过于轻松，没有紧张的智力劳动，学生没有通过教学得到发展。

（3）有效教学追求更多学生的进步和发展。"同学们"是强调要关注更多学生适度紧张的智力活动时间。

必须承认，一方面，并非所有学生都喜爱智力活动并能将兴趣集中在学习活动上，所以，教学时需要激发学生参与智力活动的兴趣，所谓“磨刀不误砍柴工”。另一方面，“文武之道，一张一弛”，紧张的智力活动又需要一定的休闲娱乐做调节，人终究不是机器。在重视和开发闲暇活动的内在价值的同时，又要看到它们对提高教学有效性的重要意义，这是我们在评估和提高教学有效性时必须注意的。从这种意义上讲，对于理想课堂的教学效率还有对度的把握的问题。效率也不是越高越好，真理向前跨进一步，也就成了谬误。

通向有效教学的基本路径

问题：

新课程提倡自主学习、合作学习、探究学习，我们也在努力改变原有不合理的教学方法，但发现学生自主了、合作了、探究了，时间又不够了。回到原路去吧，又不符合课程改革的理念。很多教师现在常说不知道怎么教书了。大家渴望一个既能体现新课程理念又方便操作的教学模式。我们学校也在学习和研究有效教学的方法。

可是，现在有效教学都还没有研究透彻，又出来“高效教学”的说法了。不知道你对高效教学是怎么看的？如何实施有效教学，你有没有方向和路径上的建议？

思考和解答：

在课堂教学表面化、形式化以致效率低下的背景下，有效教学、有效课堂的研究应运而生，有效教学、有效课堂的研究引发了高效课堂的概念和实践。我以为，有效教学的研究是大势所趋，但过犹不及，高效课堂是一个似是而非的概念。

曾经和一位朋友交流，问为什么把有效课堂研究改成高效课堂研究。这位朋友说：“有效教学研究是一个伪命题，教学总是有一定效果的，也就是总是有效的，现在我们的研究是让效率变高。”我并不赞成这样的说法，因为并非所有的教学都是有效的。“效”有效果、效益、效率等含义。效果是行为产生了预期的结果，没有产生预期结果的行为属于无效果的行为。举一个简单的例子，课堂上老师对学生说“请大家看黑板”，有多少同学有跟随的行为？如果没有学生看黑板，教学就是没有效果的。到课堂上看一看，老师讲话没人听是多么普遍的现象，所以，“教学总是有一定效果的”这一假设未必合理，有效教学研究还需要解决如何让学生愿意跟随教师的问题。另外，有效果未必有效益。比如，我们让学生练习，本意是使学生巩固和迁移知识，但过多的练习却扼杀了学生的学习积极性，这就是有效果而无效益的教学行为。对此，我的一个体会是教学目标和教学内容的合理性追求优先于教学手段和方法的有效性选择，教学手段和方法的选择要合乎教学目标和教学内容，而教学目标和内容的合理性又不能以短浅的目光来衡定，这也是有效教学需要研究和解决的问题。有了效果和效益的前提，研究有效率的教学才有可靠的基础和方向。也就是只有在满足前两者的基础上，我们才能研究如何提高教学效率，仅从效率本身研究是片面的。

对于什么样的教学效率是合理的，以及如何实现更合理的课堂教学效率等问题，还需要我们更深入地研究，有效教学的研究并不过时。

从效率本身的角度看，我主张“合适效率”而不主张“高效”。应该承认，教学效率是由学生的学习活动（对大多数学科而言，可以具体地说是学生比较紧张的智力活动）带来的，“合适效率”意味着学生的学习活动强度和密度是合适的。真理向前迈进一步也就成了谬误，合适是我们所追求的，但不能过度追求“高效”。“高效”需要高强度和高密度的学习活动来支撑，而高强度、高密度的学习活动可能对学生的身心健康带来伤害，我们不能把学生当成机器，需要让学生的身心实现从紧张到闲适的转换。在追求教学效率的时候，我们需要聆听另外的声音——“教育是慢的艺术”。

从学生要身心健康、和谐发展来考虑，从学生的年段层次和个性特征有差异来考虑，从学生要享受愉悦的课堂生活来考虑，我都主张“合适效率”。

另外，高强度、高密度的学习活动把学生的精力榨干了，学生以疲惫的状态走进下一课堂，这样，后面老师教学起来会很吃力。这一节课的“高效”可能导致下一节课的“失效”，这不是一种合作和协作的行为方式。

根据自己对有效教学的理解，我认为，通往有效教学可以寻求以下路径：

一、先学后教，自学领先

我们可以假设这样一个情境：你是家长，你的小孩跑来问你：“为什么蝴蝶飞舞没有声音，而蜜蜂飞舞却有嗡嗡的声音?”你会怎么处理呢?

第一种家长可能对孩子一顿呵斥：“不要来烦我!”孩子伤心地哭着离开了。这是我们应该反对的。

第二种家长告诉孩子蝴蝶飞舞的时候翅膀振动慢，而蜜蜂飞舞时翅膀振动很快，声音和振动有关。孩子可能会点点头，高高兴兴地离开。我们并不认为这是最理想的方式，因为家长在解答孩子的疑问的同时，也可能导致孩子产生依赖。

第三种家长可能首先让孩子观察蜜蜂和蝴蝶停留在花朵上是否有声音，然后，用手拿着一张纸让它在空中慢慢晃动，让孩子听一听有没有声音，再用力晃动纸片，让孩子听一听纸片发出的哗哗声，最后把这张纸片交给孩子，让他自己去体会。这样的家长不仅鼓励孩子提问，而且使孩子知道有了问题要先自己想一想，同时还注意培养孩子观察问题、思考问题的习惯。当然，当孩子在解决问题的过程中遇到困难或者最终没有能力去解决的时候，家长的帮助也是十分必要的。我们认为，第三种家长的行为值得学习和借鉴。

这可以帮助我们理解有效教学为什么一定要先学，而且是自学。我们可以用“责任、准备、发现”三个词语来概括我们的理解。

首先，先学和自学立足于培养学习者的学习责任，通过先学和自学让学生意识到，学习是学习者自己的事，面对自己的学习任务和遇到的问题，学习者必须承担学习责任。通过先学的实践锻炼，可以培养学习者不依赖别人的学习习惯，并在先学中尝试和获得解决问题的方法。对此，苏霍姆林斯基说：“一定要有学生的独立工作，使学生在独立工作中思考事实，得出概括性的结论。”

其次，先学和自学可以让学习变得有准备。布鲁姆认为：“学生在校的学习是建立在一系列预先学习的基础之上的，即学习每一任务都要具备某些必需的预先学习。这种预先学习带有认知的特点，是影响学生学习结果的一个主要变量，会直接影响学生的学习成绩。”先学的过程不仅是认识和理解新学习材料的过程，同时也是唤起相关经验和发现学习困难的过程。通过先学，学习者对未来的教学会有所准备。

在实践中，我们发现，很多学生课堂上的失败感和挫折感源于缺乏准备，他们不知道课堂上要学什么，老师要问什么，因而也就不能充分参与其中。无法参与使他们逐步边缘化，这是产生后进生的一个重要原因。防止后进生进一步落后的有效方法之一，就是让学生对学习做出准备。事先准备好了，学生参与时就不怕了，也就有了学习的自信心和成就感。实践中，我们还发现，有了先学和自学的基础，共同学习的质量和效益也就有了保证。

第三，先学和自学可以满足学生自我发现的需要。苏霍姆林斯基说过：“在人的心灵深处，都有一种根深蒂固的需要，这就是希望感到自己是一个发现者、研究者、探索者。而在儿童的精神世界中，这种需要则特别强烈。”新材料更容易激发和满足学生探究和发现的欲望，先学和自学给学生提供了接触新材料的机会，有利于学生获得发现新知识的愉悦感和自我认同感。

我们认为，学生的在校学习是很难真正自主的，完全自主的先学和自学可能是盲目和低效的，有效教学中的先学和自学不是完全由学生自己做主的学习，而是在老师的帮助和指导下的有效自学。对于学生的先学和自学，教师需要根据学生的学习能力和水平，有层次有区别地给予指导和帮助。

如何有效地组织和实施先学和自学呢？指导学生的自学大致可以从三个方面入手：一是引起学生先学和自学的好奇心，增强他们先学和自学的兴趣和热情，苏霍姆林斯基说，“我需要的是要所有的学生都进行思考，进行紧张的脑力劳动”；二是指示学习内容的重点和要点；三是给予方法和策略的指导。

为了更好地促进学生先学和自学，教师需要为先学和自学留出时间，并在教学工作的重心安排上作出调整。比如，现在有很多教师课下的工夫主要用在课后弥补上，我们主张“与其过后弥补，不如事前准备”。课后辅导固然重要，但更有效益的工作是在课前有效指导学生先学和自学，把工夫主要放在精心选择和组织学习材料、精心设计和组织学习活动上，使同学们在具有挑战性的智力活动中收获探究和成长的快乐。

有老师曾经问：“预习以后，学生都懂了还教什么？”我以为至少可以在以下三个方面有所作为：

一是组织学生交流自学的成果，让学生把懂的东西说出来。这不仅可以检验学生是否真正理解（检验是否理解，就是看学生能否不照本宣科，能否用不同的方式来表达对教学内容的理解）教学内容，而且可以帮助学生梳理理解了的东西，还可以发现学生理解错了的东西，并加以引导。

二是做题的过程中让学生形成运用知识解决问题的技能，并发展相应技巧，使学生获得处理相关问题的优化方法。

三是有更多的时间处理学生可能忽视的缄默知识，比如，梳理解决问题的思路和策略，体会知识的价值，理解知识的发展，培养对数字、空间、语言、美的感受等。根据实践中我的观察和经验，我认为，学生在平常的预习中可能在明会知识上下更多工夫，对缄默知识一般没有兴趣。学生预习后，明会知识掌握得差不多了，这正好为缄默知识的学习留下空间。

二、不会才教，以教导学

不会才教，教学生还不会的，这似乎不言而喻。但在实践中，我们发现这并没有成为老师的自觉，以笔者的一次课堂观察为例。

曾经有一位朋友要执教《孙悟空三打白骨精》，执教前一天她问我如何教更好，我说："这个故事学生已经很熟悉了。你一定要想一想，学生对'孙悟空三打白骨精'已经知道了哪些东西？通过教学让学生获得哪些过去不知道的东西？如何让学生对这个老故事产生新奇感？"

第二天在一个大教室上课，我惊异地发现，这些一直喜欢选教室后面位置就座听课的农村孩子，那天都涌向教室前排的位置。我们都不知道这是为什么，以及他们要干什么。

上课了，老师开始解题，然后让学生读了一遍课文。接下来，老师准备分析故事，突然，有几位同学站起来说："老师，你不要讲了，我们来演。"没等老师回过神来，就上去了九位同学，要求扮演唐僧、孙悟空、猪八戒、沙僧、白龙马，更有意思的是，要求扮演白骨精的就有四位。

在后面的近十分钟里，同学们兴致勃勃地表演了"三打"的过程。我们也明白了为什么要上去九位同学：白骨精分别扮成村姑、老太太、老大爷，需要三位扮演者，此外还要一位真身的扮演者。在"第一打"和"第二打"的时候，"白骨精"

逃逸了；“第三打”时，当“孙悟空”打倒扮成“老者”的妖精时，“白骨精”一并倒地。从这样的表演中可以看出，学生对故事的理解已经十分深入。

学生的活动彻底打乱了老师原有的计划和安排。在学生表演时，这位老师只能在一旁待着，根本无法介入，她也不知道到底该干什么。

后面的教学中，尽管这位老师也在尽力组织，但学生都沉浸在成功表演的兴奋中，老师讲的东西他们根本没有听进去。

教学实践出乎执教者的设计和意料，这时最需要执教者进行教学反思。我认为，执教者既需要反思“教什么”的问题，也需要反思“怎么教”的问题。

教什么呢？福建师范大学孙绍振教授回顾自己中学时期的语文学习生活时说：“在语文课堂上重复学生一望而知的东西，我从中学时代就对之十分厌恶。从那时起我就立志有朝一日当语文老师，一定要讲出学生感觉得到又说不出来，或者以为一望而知其实一无所知的东西来。”人家明明会了的，你还要浪费他的时间，要他一本正经地坐着听，他不分心不造反才怪！语文教学是这样，其他学科的教学也是这样。从这种意义上看，我们主张，教师需要明确一个原则：不会才教，教的有效性表现为引导学生更深刻地认识和理解过去一知半解的东西，接触和感受过去不知道的东西，并进一步引发其探究未知的热情和兴趣。

在《叶圣陶语文教育论集》中，叶老这样说：“上课做什么呢？在学生是报告讨论，不再是一味听讲；在教师是指导和订正，不再是一味讲解。”“预习得对不对，充分不充分，由学生与学生讨论，学生与教师讨论，求得解决。……学生预习如有错误，他得纠正，如有缺漏，他得补充，如有完全没有注意到的地方，他得指出来，加以阐发。”“教师所讲述的，只是学生想要‘领悟’而‘领悟’不到，曾经‘研究’而‘研究’不出的东西。”

首先要了解学生。了解学生最好在课前进行，如果课前没有机会和时间，课堂上就要做出安排，调查、了解清楚了，就可以因势利导了。因此，在不清楚学生实际的情况下，我们建议课上的第一道功夫就是调查、了解学生，然后据此教学：学生会了的，让学生来说来交流，教师注意引导、倾听和小结；学生不会而需要小组合作的，教师组织小组合作；需要老师讲解、指导的，老师进行讲解、指导……

举一个例子：曾经有一位老师上“圆周率”，走进教室，说：“同学们，假如我们知道圆的直径，可以通过什么办法得出它的周长？”本以为学生会回答“不知道”，然后自己顺着说“我们今天就来学一学”，没有想到学生的回答是“乘 3. 14”。老师问：“你们是怎么知道的？”学生回答说：“书上有，我们看了书。”

这位老师原来准备的是“发现教学”的思路：引导学生去发现周长和直径的倍数关系，现在学生已经知道了，怎么办呢？你就不能还当学生不知道，让学生去发现一个他已经知道的结论。这时，可以因势利导，变“发现教学”为“实验验证教学”。比如，可以表扬看过书的同学：“预先看过书，知道它们之间的倍数关系了，真好。那大家知道 3. 14 是怎么来的吗？”如果学生说“知道”，并且回答正确，你就可以进一步引导：“这是他人的结论，想不想自己设计一个实验，来检验一下前人的结论？我们在实验中或许会有新的发现。”由此让学生在设计实验、整理和分析数据中明白以前对圆周率一知半解的东西。实际上，很多结论学生是知道的，用发现的教学并不符合学生的实际，用验证的方法更有利于学生体会和理解前人的思路，获得有效的学习方法。

不会才教，教的目的是什么呢？叶圣陶先生的“教是为了不教”道出了教育的真谛。庄子说：“吾生也有涯，而知也无涯。”有效的教学既是为学生的学习服务的教学，也是教会学生学习的教学——“授人鱼不如授人渔”。学会学习不仅意味着获得持续学习的能力和适合自己的有效的学习方法，而且意味着有终身学习的愿望和兴趣，养成良好的学习习惯，并能不断体验学习的成功和快乐。

对于“不会才教，以教导学”，如果需要给出三个具有可操作性的关键词的话，那就是：了解，指导，会学。

三、注重优化，体验快乐

杜威把教育看成经验的改造。作为有目的、有意识的课堂教学实践，我们认为经验改造本身意味着经验的优化，也就是要使学习者原有的经验得到合理的改造和提升。优化的终极目标在于帮助学生学“生”——学习生存的本领，感悟生活的智慧，体验生命的价值和意义。优化体现了教育的作用和价值，是有效教学的具体体现和实现。

促进优化意味着要发挥好教师作为“相对先知者”和“引导者”的作用。通过教师的组织和引导，使学生的课堂经验更加丰富，发挥经验对未来生活的指导作用，这是经验内容的优化。其次是促进新经验与原有经验建立联系，这是经验结构的优化。经验的获得和改造是一个过程，在这个过程中，难免会有失败和错误，也难免会有弯路和曲折。

有效教学是理想课堂的一个目标，在理想课堂的架构中，还有一个目标是让学生经历和享受美好的课堂生活。美好的课堂生活和有效教学是相互促进的关系，两者的共同基础是参与者在“最近发展区”内的紧张的智力活动：适度紧张的智力活动可以促进有效教学，顺利完成具有挑战性的智力活动对学生来说本身就是一种乐趣。这是我们对这种关系的认识和理解。

智力活动可以使人快乐吗？快乐来源于什么呢？英国文学家托马斯·莫尔认为：精神方面的快乐包括有智力以及静观真理时所获得的喜悦。苏霍姆林斯基说：“爱因斯坦说过，我们体验到的一种最美好、最深刻的情感，就是探索奥秘的感觉；谁缺乏这种情感，他就丧失了在心灵的神圣的战栗中如痴如醉的能力，他就可能被人们认为是个死人。”孔子也有“学而时习之，不亦说乎”的说法。我们认为，不能简单地说，学习就一定会快乐，不然就难以理解教室里有那么多的学生如坐针毡。我们的理解是，快乐在于“习有所得”，即在复习和练习中有所收获，有新的体验和感悟，并且意识到了自身的成长和变化。从这种意义上看，注重优化是为了“习有所得”。更进一步，要让学生快乐，就要引导学生感受和体会自己“习有所得”。当然，不能陷入仅仅关注知识和技能的狭隘的功利主义陷阱，同伴之间的友谊、开阔的视野、充实的内心、自我认同和实现等，都是重要的“所得”。

我们也可以给出这一要点的实践操作的三个主题词：交流，优化，快乐。交流是组织分享和展示，它是自身认识力量的一种外化的表达和实现，是一种自身的参与和认同。优化是组织概括和小结，它是在和同伴、师长对话中对内化经验的完善和改造，是一种自身的发展和进步。快乐是在对上述两种活动审视时，去发现和获得内在的愉悦和外在的欣喜。

把上述三个环节联合起来，我们可以勾画出有效教学的基本路径和课堂结构：有效先学和自学—展示、分享学习成果—对话共同困难和问题—优化、改造学习经验—体会、感受学习喜悦。

教师如何理解自己

一、教师的隐喻

问题：

陈老师，听了你的讲座后，我对“学生”有了新的理解。我虽然是一位教师，对于“教师”的定义也知道一些，但心中对“教师”的理解还是很模糊。你能给现阶段的“教师”下一个定义吗？它将指引我今后的工作方向。

思考和解答：

当我在陈说对“学生”的认识和理解的时候，实际上也在诠释自己对教师角色和使命的理解：教师是促进学生学习生存的本领，获得生存的智慧，体验生命的价值和意义的人。

对于“教师”，我们不好定义，相信每一个教师都有自己的角色期盼和角色隐喻，你不要把我对“教师”的理解当成你今后工作的方向，你自己要有对“教师”的理解和隐喻。

这里有一篇我自己写的文章，供你参考。

从“教书”到“导游”

“人啊，认识你自己！”雅典阿波罗神殿外侧的名言振聋发聩。

我是教师，我的工作是什么？我在干什么？

当我这样追问的时候，曾经寻找到以下答案。

“我是教书的。”即便现在，也不能否定这个答案有一定的合理性。但凡是书，总有文字、符号或图像。这些文字、符号或图像是什么？可以说，教师所教之书中的文字、符号或图像是人类文明的结晶，是人类文化的成果。“教书的”隐含着教师具有传递人类文化、传承人类文明的责任。

教师要教书，但教师又不能仅仅是教书。一方面，书中所载毕竟有限。按英国哲学家波兰尼的说法，用书面文字、图表或公式等表述的只是明确知识，而实际生活中大量运用的是不能系统表述和传递的缄默知识。用我们古人的话说就是“书不尽言，言不尽意”。这样，只教书本知识远远不够。另一方面，“教书的”这一说法，难免让人陷入书本崇拜，不敢越书本一步，自己成了书本的奴隶不说，还连带学生也成了书本的奴隶。

“我是教学生的”是第二个答案。从“教书”到“教学生”，我们眼中有了人。学生是什么？我以为是在学校里，在教师和成人的指导下，学习生存和学习生活的人。也就是说，教师不仅要教给学生生存的本领、生存的规范，而且要教给他们生命的意义、生活的智慧。这样，教育就有了促进学生全面发展的意义和追求。

但对“教学生的”这个答案，我仍然不满意。老师是“教学生”的，学生在这个过程中是干什么的呢？难道只是被动地接受？不应该是这样的。教育不能停留在工业“加工”和“塑造”的水平上，学生是有生命活力的活生生的人，而不是消极被动地等待加工和塑造的物件。为了表达学生在教育活动中的主动作用和生长过程，我需要寻找更合理的答案。

“我是育人的”这个答案与“我是教学生的”相比较，在理念上有从“加工”到“生长”的变化，在方式上有从工业的“塑造”到农业的“培育”的变化。农业与工业有什么不同呢？根本在于劳动对象不同，农业生产的劳动对象具有生命和生长性，农作物具有自身生长发育的规律。农业生产只能促进，而不是加工和塑造，否则就可能揠苗助长，适得其反。

在工业与农业的比较和隐喻中，从尊重生命和生长的角度看，教育需要反对工业化“批量”生产的方式，而采用农业“培育”的方式。那么，教师应该做什么呢？努力营造有利于“农作物”生长发育的环境，为学生的健康生长提供适宜的养料、水分和阳光，对危害其生长的“病虫害”的防治，对生命生长的耐心等待和细心呵护。

“我是育人的”这个观点具有一定的合理性，但同样被我质疑。一方面，我的工作、劳动对我而言是否具有意义和价值？当我把工作看成“教书”时，我工作的意义是传承文化和文明，我在为社会和人类做贡献；当我意识到我在“教学生”

时，我在为学生的美好生活奠基，我在为学生服务；当我把工作定位于“育人”时，我又为学生的生长而付出……贡献和付出固然让我有一种自豪感，但我不满足于只做“蜡烛”和“春蚕”，我需要在工作中谋求生长和发展，我还需要享受教学过程中创造的喜悦。另一方面，“种瓜得瓜，种豆得豆”，农产品总是预先明确结果的，教育能够像农业一样规定结果吗？不应该是这样的，因为学生的发展变化具有多种可能性！

看来，还需要寻找自己更满意的答案。

“教师是导游”，意味着教育就是师生共同的精神漫游和探险。

首先，游览地点和游览活动是需要预先初步规划的。只有先去游历，才有导游资格。游客对于景点的认识可能各不相同，导游当然可以解说，但好的导游不会以自己的认识去限制旅游者的发现。作为教师，我们不能限定每一次教学活动的结果，更不能用自己的认识限制学生的创造，我们的任务是激发学生探索，让学生从中获得快乐和进步。

其次，旅游是参与者共同经历的审美过程。一方面，导游者在导游的过程中需要重新认识美、发现美、创造美，另一方面，游客总在不断感受和创造美，通过与游客的积极互动，导游者在不断丰富对美的认识，在积累认识和鉴赏美的经验。这样，导游的过程也就是导游者自身成长的过程。美在过程中，美在创造中，美在成长和丰富中。当教师从奉献的心态转向审美的心态的时候，教师的职业生命将永葆青春。

第三，好的导游并不仅仅引导游客认识景观，还要引导团队成员认识彼此、认识自我，实现认识景观、认识他人、认识自我的多重任务。佐藤学教授说：“所谓学习的实践，是建构教育内容之意义的同客体对话的实践，是析出自身和反思自身的自我内的对话性实践。同时，是社会地建构这两种实践的同他人对话的实践。”这样的过程，就是共同参与的游客围绕审美对象展开对话的过程。

尽管“导游”也只是隐喻，不是在真实地描述和刻画自己的工作，但相对而言，我更喜欢这种隐喻。

我也不断提醒自己，可不能为了“提成”的功利追求而把团队往旅游商店带！不然，那一定是一个被多数游客批评乃至记恨的角色。

这里还有两篇关于教育隐喻的文章，第一篇来自网络，第二篇选自康纳利、克兰迪宁著的《教师成为课程设计者——经验叙事》。

镜子的人生哲理

“帕帕德罗斯博士，生命的价值是什么？”

嘲笑者们又像往常一样笑了起来，人们喧闹着要走。帕帕德罗斯举起手，示意教室里的人安静。然后，他凝视了我很长一段时间，似乎在审查我是否严肃。从我的目光中，他看出我并不是开玩笑。

“我会回答你的问题。”他从裤兜里掏出钱包，在一个皮夹子里搜出一块小圆镜，大小与硬币差不多。

而后，他说：“战争时期，我还是个小男孩时，家里很穷，我们住在一个偏僻的小村子里。有一天，在马路上，我发现了许多镜子碎片。曾有一辆德国的摩托车在那里发生了事故。

“我试着把所有的碎片找齐，再拼起来，但是无法做到，所以我只留下了那块最大的碎片。在石头上打磨成圆形以后做成了这个样子。我开始拿它当玩具，发现自己用它能把光线反射到黑暗的地方：深洞、裂缝、漆黑的壁橱等太阳无法照亮的地方，所以，我非常喜欢它，把它当成一种游戏——把光线射到我能找到的最隐蔽的地方。

“这块小镜子我至今仍保留着，并且随着自己慢慢地成长，空闲的时候，我还会把它拿出来，继续这种富于挑战的游戏。等我长大成人以后，便懂得了这不仅是游戏，更暗示着我的人生价值。我知道自己不是光芒，但是真理和知识这些光芒就在那里，如果我像镜子一样去反射它们的话，便会照亮更多黑暗的地方。

“我是镜子的碎片，尽管整个镜子的式样和形状我并不知道，但是我竭尽所能地反射光芒，照亮世界上那些黑暗的地方，照亮人们心灵的阴暗处，让一些人有所改变。或许他看了后也会跟我做同样的事。这就是我，这就是我的人生价值。”

盖尼尔的登山隐喻

如果你西望山脉，你知道它们从来都不会一样——每一年、每一季和每一刻它们都在发生变化。这就像我的课堂那样，一直处于变化之中，无论是这一课程还是其他课程，或者学生，都在变化着。没有什么事物是保持不变的，也没有什么事物曾经是完全相同的。从平缓的高山草地到高耸的冰山险峰，山势地形变化多样、走向不定，使得登山者捉摸不定。我的学生和我像一个登山队；有时我领队，有时他们领队，但无论如何，我们都作为同一队的队员依靠已有的经验、愿望、能力和兴趣一起登山。

与我们的学习经验一样，当我们开始进入登山体验时，我们以一个没有威胁的冒险开始；安全，然而是有益的。此时，基础的东西学会了并得到了实践，迎接了第一次挑战。我们共享不安、鼓励和欢笑的时刻。逐渐地，我们的关系越来越亲密，在冒险中和同伴一起，我们感到安全又安心。当我们相互之间更加信任时，在以前爬过的山的基础上，我们尝试新的山和新的路线。

就像设计课一样，知道我们将要爬的路线总是重要的——

困难程度有多大，有哪些危险，然后，准备好攀登计划，并且让每个队员都对计划做到心中有数。我们将需要什么样的装备？那将花费我们多少时间？必须做好什么样的身心准备？我们什么时候开始登山？如果要使登山有取得成功的机会，那么同时作出这些决定是相当重要的。

登山像教学一样，队员之间必须完全信任和承担责任——这不是一个愿望，而是一个必要条件。你所决定的登山路线必须在最弱小的队员的能力范围之内，但仍必须具有挑战性。在登山途中，有些队员可能因为缺乏信心或者胆怯而动摇，但总会有同行的队员给他们提供鼓励和支持。

登山者，就像教师和学生一样，不断地运用工具以达到目标；安全带把登山的队员系在一起，就像教师和学生通过接受和理解而系在一起一样；登山用的钢锥用来提供保障和安全；防滑片用来当作人工立足点；绳梯用来跨过突出物；靴铁钉使队员在雪地上站得更稳——所有这些对于登山的成功和队员的安全都是必需的。

兴奋、欢乐和冒险从不间断，它们连续不断；每一步都有变化和挑战。课堂里的情况也是如此。登山过程中的每一小段本身就是一个小小的冒险挑战，这就需要不同的技术、不同的技能和不同的工具。当登山者之一集中精力思考攀登中的困难的一段时，队员们都沉默不语，但是通过安全带的稳固作用和同伴的思想，他们之间仍然保持着持续的沟通。

有时我们发现自己的登山路线对于我们的能力和设备来说有太大困难，所以我们必须撤退。正如在教育中一样，这在任何时候都不能看作是失败，因为登山时的撤退对于登山本身来说就是一种艺术，并且任何沮丧情绪都意味着失去绕绳下降的自由和魅力。它永远都不能被看作是失败，因为那一段路仍然保留在那儿，将来我们还可以再来攀登。

登山队，就像一个班，是由不同的人组成的，这些人的不同就像众多山脉之不同一样。有的人可能体力很强，但经验不足；有的人可能是热心的和合作的，但需要增强体力；有的人可能十分聪明，能够很容易找到捷径，但因为身材矮小会爬得很慢。登山队把各种不同的优势和缺陷聚到一起；每一个都用他的优势去帮助其他队员以适合他们自己的方式发展和成长。

我们所登的是大山还是小山并不重要，因为将来总还有其他的山要攀登，并且有时一座小山也能够给人以巨大挑战。每一个登山者，就像每一个学生，根据自己的能力选择自己所要接受的挑战，而且，每一个登山者都应该为完成登山任务而自豪，因为他们都是登山队的宝贵的重要成员。

通过与我的登山同伴和我的学生在一起的经历，我也在成长，因为登山和教学都要调动所有资源，以保证所有成员都能达到顶峰。当与登山的同伴一起站在顶峰上时，一个人所体验到的那种情感，是我不能以专门知识用文字来表达的。每一个体都迎接了对自己的挑战，并且以自己的方式斗争，克服自己所面对的困难。通过相互了解、情感交流以及共同努力，我们达到一个共同的目标，在此过程中，我们自己也变得更加优秀。

另外，在登山过程中有危险和失误。当你听到第一声雪崩的破裂声，第一声堕石的轰响声，第一声失足者的尖叫声时，时间凝固了；在寂静之中等待着第二次天崩地裂的到来，当发现一切又恢复平静时，登山者又照常行动起来。眼睛看着爬山者，向上帝祈祷，你抓住安全带。你使出每一点能量，集中每一分注意力，并祈祷着。你感觉到绳子的拉动，调动包括心理的、身体的、精神的所有力量，竭尽所能地抓住绳子。你就这样前进，直到到达山顶。当胜利的欢呼声响起时，每个人都神采飞扬，并且感谢上帝让自己到达山峰。

但是有时候，成功并没有来临……只有寂静。

在第一次惊愕过去之后，所有的登山队员都望着失足的同伴，在心中祈祷并发出疑问。

失去一个同伴就是失去你自己的一部分。你问自己：错在哪里？能有别的做法吗？为什么？你开始自我怀疑，开始分析你为什么来登山。你的信心开始动摇并开始解剖自己：我能给他们提供依靠吗？他们能信任我吗？你如何回答这些问题对你自己和你的同伴都极为重要。

我在1975年放弃了登山——我仍在做教师。

在我看来，隐喻既是情境性的，也是顿悟式的，每一个人都可以有自己不同的隐喻。这不同的隐喻成为我们内在的信念，指引我们到达心中的彼岸。有隐喻意味着有目标、有方向、有意义。

现在，你可以想一想，你的教育隐喻是什么？你的教师隐喻又是什么？

二、成为“明白”的教师

问题：

有效的研修能提高课堂教学的实效性，并能让教师获得幸福生活，可是上级教育主管部门将教师的中、高级职称名额按一定的比例进行严格控制。这对课堂教学实效性的提高有怎样的作用？对教育教学质量的提高，对激发中青年教师的研修积极性及追求幸福生活的积极性有利吗？你怎样看待？请指教。

思考和解答：

我们都是肉身凡胎，完全没有名利追求不可能，因此，我能理解你的心情。

实际上你需要考虑以下两个方面的问题：

想一想：你追求中、高级职称，但结果老是使你失望，怎么办？由此不进步，不研究了？恐怕不行。一方面，不研究不进步，对不起学生，学生需要不断提高教育教学水平的教师；另一方面，也对不起自己，不能用他人对自己的不公惩罚自己，使自己虚掷和浪费生命。

想一想：你追求中、高级职称，如你所愿，中、高级职称到手了，你又怎么办？是不是又想评特级教师？如果特级教师评上了，你又想做什么？奔着一个外在的目标而去，即使目标实现了，我们也难免空虚。史铁生在《活着的事》中说："我喜欢申花队的'更进一步'，但不赞成国安队的'永远争第一'。""更进一步"是生活策略，"永远争第一"是生活目标，生活策略是战胜自己，生活目标是战胜他人。我以为，有了生活策略，我才不至于堕落，而为了实现生活目标，我却常常痛苦。不如眼睛盯着进步和改善！

孔子说："人不知而不愠，不亦君子乎？"他人不知我自知，我们需要修炼一个自我接纳和自我完善的自己。我推荐自己写的一篇文章《做"明白"的教师》给你看看。

> 要成为名师，先要做"明师"。"明师"是什么？就是明白的教师。从结果来看，"明师"是心里明白的教师，他知道自己是谁，自己在干什么，知道自己生活的目的和意义，也知道自己的成长和进步；从过程来看，"明师"在不断研究自己——"人啊，认识你自己"，他在努力争取认识和理解自己，改造和完善自己，在研究和改造中赢得自身认同和自身完整。
>
> 当然最好做明白的名师。可以有成为名师的追求和目标，但不可太执著，应先把工夫放在成为明白的教师上。我相信，在力争成为"明师"的道路上走下去，就更有机会成为名师，那时候的名师才能实至名归。
>
> 研究是"解决问题"和"修养自身"的统一。
>
> 研究是为了明白，想要明白就需要研究。要做明白的教师，我以为需要一种研究的转向。这种转向就是把自身作为研究的对象，审视自己，研究自己。苏霍姆林斯基在《给教师的建议》中说："如果你想让教师的劳动能够给教师带来乐趣，使

天天上课不至于变成一种单调乏味的义务，那你就应当引导每一位教师走上从事一些研究这条幸福的道路上来。”可是现有的研究没有给中小学教师带来理想的幸福，我认为，取向的偏差是其中的一个原因。从取向上看，目前大多教师把教育科研作为认识外界事物关系的手段，而没有发挥科研改造自身、发展自身的重要作用。事实上，人类只有面对自身，才能达到对人的理解，只有研究自身，才能对人类也就是对我们自身负责。由于没有对自身的改造和变革，没有在研究中创造和实现新的自我，我们很难发现科研对自身的意义，也就很难体会到科研的幸福。

一方面要研究自己，另一方面又要做“为己”的研究。孔子说：“古之学者为己，今之学者为人。”朱熹对此这样解读：“为己，欲得之于己也；为人，欲见知于人也。”“为己”是以修身立德、发展自己为本；“为人”则是以邀誉名利、建功立业为务。“为己”是要认识自己、改造自己，“为人”则是要见闻于社会。从“为己”的角度看，我以为，教师的教育科研就是“用思想和行动结合起来的力量让自己的教育生活变得美好和舒适”。当然，这里的“美好和舒适”应该基于教育的成功和有成就，应该基于更好地实现促进学生发展和成才的目标。

研究带来成长，研究带来变化。教师研究带来的变化，主要体现在“新知”、“新事”、“新人”上。

先说新知。有一位一年级老师上《画家乡》，课堂上，他让学生齐读课文（共7个自然段）。课后交流，这位老师说：“在低段教学中，安排齐读可以检查学生对生字的掌握情况，可以看一看他们是否读得正确，是否读得通顺，是否读得有感情，还可以带一带不会读的孩子，这是我在设计的时候想过的。但在实际教学中，我发现读到后面的时候，学生读得很辛苦，没有了精神。这使我意识到，太长的课文不宜一次齐读完，课堂上不要让小孩子太辛苦。”我认为这就是在做研究。研究是发现行动和行动结果（效果）之间的关系，研究的结果是获得对其中关系的认识，得到关于自己、关于学生、关于教学、关于教材等方面的新认识。在这个过程中，我们原有的知识背景、知识内容、知识结构都将随之发生改变，并得以重新建构。这就是研究中的新知，获得的是一种认识成果。

再说新事。实践者研究的任务不在于认识行动，而在于改造行动、改造实践。对教育各种事实和现象之间关系的深刻洞悉与把握，有利于认识、理解和预测教育事实（现象）的发展方向与趋势，从而对其进行更有效的促进或控制。有了新知的基础，研究者新的实践也就有了可能。新事是什么呢？我以为首先是做事的手段和方式有了新的突破，其次是由此产生或获得了新的实践效果。它是一种推陈出新的“新”，一种超越既往的“新”。比如，将“课堂上不能让孩子太辛苦”的认识付诸实践，我们可能不再让学生齐读比较长的课文，而是更自觉地关注学生在课堂上的身心状态。这样的改变就可能使自己的学生在课堂上生活得愉快一些。

再举一个例子。有一位教师上《卖火柴的小女孩》，在课堂上，他口头提出了这样的学习要求：“下面大家读课文的第二部分，读的时候最好采取默读的方式，因为在默读的时候你才能更好地思考。大家思考什么问题呢？思考卖火柴的小女孩 4 次擦亮火柴，她看到了什么，想到了什么。你可以边读边思考，把自己想到的勾画出来，写上你的想法。还有，对 4 次擦亮火柴，你可以边读边在头脑中想象画面。”在与学生交流时，他发现，很多学生读的是课文的第一部分。为什么会出现这样的现象呢？他分析是由于自己提出的学习要求太多了，学生记不下来。这使他意识到，过多的学习要求学生根本记不住。用什么方法改进呢？他想到了演示文稿。从此，在他的课堂上，多媒体不仅用来提供学习资源，分享学习成果，而且用来提示学习要求，组织教学活动。这样的改变提高了教学的有效性。

新知和新行动的出现意味着新人的诞生，从终极意义上讲，研究要创造新人，要创造一个新的自我。创新自己意味着在修养上不断达到新境界，意味着自己的专业成长。古人说："修以期其精美，养以求其充足；修犹切磋琢磨，养犹涵育熏陶。""精美"和"充足"是修养的目标和追求，"切磋琢磨"和"涵育熏陶"是修养的方法与过程。如果把研究看成认识现象、发现规律，并指向问题认识和解决的话，修养则主要指向自身发展和丰富。教师的研究应该是解决问题和修养自身的统一，从这种意义上我们也可以说，教师成长的主要方式是研修。

不是向外看获奖，而是向内看变化。

波斯纳说"教师成长 = 经验 + 反思"。反思什么呢？过去的反思可能集中在是否成功地完成教学任务，是否取得预期成效；现在要争取成为"明师"，我们就不能仅仅停留在对是否"成事"、"做成了事"进行反思，而且需要对是否"成人"、"实现了专业成长和进步"进行反思。孔子说："学而时习之，不亦说乎？"我琢磨，不能认为，只要学习、只要练习，就会给人快乐。比如，现在让你机械地抄写30遍"学而时习之，不亦说乎"，你就很难快乐。快乐在何处呢？学习中有所收获，有新的体验、新的感悟，能够"温故而知新"、"举一隅而以三隅反"，体验到成长和进步就能享受学习的快乐。从这种意义上看，反思的目的还在于对成长和变化审美，体会所得，并增强专业成长的积极性和动力。

走在力争成为"明师"的道路上，不是向外看获奖，而是向内看变化。可以从以下几个方面审视和反思自己的变化：

审视和反思教学有效性有没有变化。比如，在专业成长过程中，我的学生参与教学是否更加积极主动？是否有更多学生乐于学习？教学成效是否更加理想？教学是否更轻松？是否更加得心应手？……教学合理性、有效性的增强表现为教学效率和质量的提高，它使我们明白自己的教学在进步。

审视和反思教学自觉性有没有变化。教学自觉性增强表现为我们开始积极主动地追求教育教学的意义，追求有效的教学，追求有意义的教学生活。自觉性增强意味着研究成为一种新的生活方式，而研究性教学将成为自己的教学方式，我们正在成长为研究型教师。

审视和反思教学效能感有没有变化。教学效能感是教师对自己影响学生行为和学习能力的程度的主观判断。教学效能感增强表现为对自己教学能力的自信心的增强，它使我们对教学行为导致的结果有更为清醒的认识，并对自己行动的效果充满信心。教学信心不断增强将使我们的生活方式更加积极主动，从而满怀信心、充满活力地进行创造性劳动，并充分享受由此带来的幸福生活。

三、在改革道路上“有所畏”

问题：

我自认为是一个有批判和改革意识的老师，对很多教学内容有自己的理解。但对教学中是否应该把个人的理解说出来，我时时感到矛盾。用自己的观点教学生吧，我怕自己的理解错了，把学生引到歧路上去，这样对学生不好；不把自己的观点讲出来吧，又觉得可惜，而且觉得对学生可能是一种损失。陈老师，遇到这样的情况该怎么办？

思考和解答：

我很赞赏你谨慎的态度。就算理解是正确的，也要想一想其中的损害，我有一个看法就是“教育也是有害的”。说“教育也是有害的”，并不是否定教育的积极作用，而是在看到教育的意义和作用的同时，要有风险意识。强调风险意识的核心立论是：人的时间有限、生命有限，你对学生采取了这种教育，其他的教育就可能受到影响。

如果这样想下去，你可能就会发现不存在有百利而无一害的教育，你就可能会更加小心地权衡教育了。

你的具体情况我不了解，只能给出上面的意见。以下这段文字或许能给你启示。

> 子路问："闻斯行诸?"子曰："有父兄在，如之何其闻斯行之?"冉有问："闻斯行诸?"子曰："闻斯行之。"公西华曰："由也问'闻斯行诸'，子曰'有父兄在'；求也问'闻斯行诸'，子曰'闻斯行之'。赤也惑，敢问。"子曰："求也退，故进之；由也兼人，故退之。"(大意为：子路问："听到了就实行起来吗?"孔子说："有父兄在，怎么能够听到了就随便实行起来?"冉有问："听到了就实行起来吗?"孔子说："听到了就实行起来。"公西华说："仲由问'听到了就实行起来吗'，您说'有父兄在'；冉求问'听到了就实行起来吗'，您说'听到了就实行起来'。我有些不明白，大胆来问问您。"孔子对此回答说："冉有做事往往畏缩不前，因此我鼓励他，仲由的勇气一人抵几人，敢于作为，所以我让他慎重。")

看一看，你是属于“子路型”的人还是属于“冉有型”的人。我在批判意识和改革精神上属于“子路型”的人，所以在改的念头出现以后，我会小心一些，心中“有所畏”。

四、欣赏脚下的风景

问题：

我的教学成绩很不错，但我不喜欢老师这个职业，怎么办?

思考和解答：

你有机会转行吗？如果有机会转行，我建议你转行。人的生命是有限的，干一些自己喜欢干的事情是一种幸福。你要对自己有限的生命负责。

如果你不能转行，怎么办？

现在的学校，大多实行合同聘用制。你签了合同，就需要对学生负责任，这是一个基本要求，你要对得起眼前的学生。你说教学成绩不错，这很好，但教师的职责可不止这些。

我建议你把“我只能当教师”慢慢变成“我愿意当教师”，再到“我喜欢当教师”。在没有其他道路的情况下，为什么不把走这一条道路的过程变得愉快一些？我当过 29 年教师，过去也有走出教育界的心思，现在我很庆幸自己在教师岗位上坚持下来了，也很骄傲自己是一名教师。

用爱和欣赏的眼光去看一看，你就会发现，教育也是很美的，当教师也很不错。我的建议是：如果你就在这山上，到不了另外的山，那你最好学着欣赏这座山上的风景。

五、“尽己力而谓之忠”

问题：

陈老师，现在我班上有学生说：“学习太辛苦了，怎么学都学不好。”我也认真和他们进行了沟通，但效果不佳。怎么才能更好地帮助他们呢？

我有时候觉得自己真没用，甚至不想当老师了。

思考和解答：

我充分理解你关心学生的心情，并且为之感动。艾青说：“为什么我的眼里常含泪水？因为我对这土地爱得深沉……”

知道我想到了什么吗？我佛慈悲！

慈是什么？是爱，是拯救的宏愿。

为什么悲？是因众生沉沦的痛苦状况生悲，是因自身拯救力量不足生悲。

因为有了慈的胸怀，就有了对众生苦难的怜悯和同情，也就有了不能解脱众生痛苦的悲伤。

法力无边如我佛，也为无法解脱众生苦难而悲，何况平凡、平庸之我辈？

对教育，我们会爱在痛苦中。我现在明白，这可能会成为一种常态。

怎么办呢？只能是“尽己力而谓之忠”。

余秋雨先生在《千年庭院》中说：“一个教师所能做到的事情十分有限。我们无力与各种力量抗争，至多在精神许可的年月里守住那个被称作学校的庭院，带着为数不多的学生参与一场陶冶人性人格的文化传递，目的无非是让参与者变得更像一个真正意义上的人，而对这个目的所能达到的程度，又不能期望过高。”“我是个文化人，我生命的主干属于文化，我活在世上的一项重要使命就是接受文化和传递文化。”

我们能够做什么呢？我们只能尽自己的努力让课堂小环境具有人文的特点，引导学生走一条人应该走的路罢了！

帕尔默在《教学勇气》中说：“毫不奇怪，教学牵动着老师的心，打开教师的心，甚至伤了教师的心——越热爱教学的老师，可能就越伤心！……教学的勇气就在于有勇气保持心灵的开放，即使力不从心仍然能够坚持，那样，教师、学生和学科才能被编织到学习和生活所需要的共同体结构中。”我们需要修炼这样的勇气，也需要修炼自己的信心。

学生学得苦，已经很少有学习的快乐了，这是一个大问题。对这个问题，我还没有更好的解决办法。在这里和你共同探讨。

我觉得有两个方面的问题，一是改变教育的现状，让学生学得轻松一些，学得更有收获。这涉及减轻课业负担、降低学习难度、改变教育评价、创设并引导学生参与更加生动有趣的学习活动等方面的问题。解决这些问题需要从宏观方面做出政策的调整和改变，也需要我们每一位老师具体的研究和实际的改革。二是要让学生体验到学习的成功，感受到学习的快乐。我们可以研究“学生学习方面的收获和变化在哪里”、“学生的幸福快乐在哪里”之类的问题。

有一位老师上完课，跟学生说：“同学们这一节课学得很认真，对我所教的东西掌握得很好，谢谢大家配合！”她的本意是对学生说些客套语，但我想到了另外的问题：这会不会让学生产生“教学是老师的事，我们是配角，老师上好课需要我们配合，今后如果老师对我们好，我们就好好配合，如果老师对我们不好，我们就不必好好学习”的想法？如果学生形成了这样的思考问题的方式，我们今后怎么教学？

下课以后，我和老师交流，我问她：“能不能改变一种说法，比如，‘同学们这一节课学得很认真，对老师所教的东西掌握得很好，老师真为你们高兴！你们也应该为自己高兴！现在建议大家为自己的认真、为自己的收获鼓掌’。这样，学生就可能意识到是为自己学习，学习可以有收获，而有收获就值得高兴，学习是快乐的。”

六、如何理解“只有不会教的教师，没有不会学的学生”

问题：

有一个专家说“只有不会教的教师，没有不会学的学生”。陈教授，我们教师该怎样理解这句话？

思考和解答：

在《我的教育道路》中，我曾经批评过这样的说法。

> 有的话天天在讲，讲多了就可能使人相信，使人以为是真理，比如“没有教不好的学生，只有教不好的老师”。这是一个被滥用了的伪命题。首先，没有大家都认可和接受的标准，

如果用理想的状况与现实的结果比较，永远都不觉得现实的结果好。其次，这句话违背了教育的基本规律，学生的身心发展是受多种因素影响的，要靠学生自我选择和自我实现。杜威说："遗传是教育的极限。"德国哲学家卡西尔在《人论》中说："所有那些从外部降临到人身上的东西都是空虚的和不真实的。人的本质不依赖外部的环境，而只依赖于人给予他自身的价值。"这个观点可能有偏激的一面，但它可以说明，对于学生的发展，教师的责任是促进和帮助，教师是无法代替学生去实现的。"没有教不好的学生，只有教不好的老师"在夸大教师作用的时候，也在要求教师承担不该也不能承担的责任。

作为教师，我们可以把这句话看成在确立一种积极的学生观。它的积极意义在于相信学生愿意成长，然后怀揣着理想去努力追求，并不断反省和改进自己的教学，提供更适合学生的课程内容和教学活动。

尽心了，充分运用了自己的智慧，促进学生进步了，你就问心无愧。这就是古人所说的"尽己力而谓之忠"。至于在学生身上能出现什么样的效果，有时并不由老师决定，也不是完全由教育主宰的。

现在有一些老师抵触"只有不会教的教师，没有不会学的学生"的说法，是出于寻找一种借口，对于学生发展不理想，他们需要一种托词。有了这样的借口和托词，他们不再努力去研究，不愿意去改进，不愿意对一些处于困境的学生伸出援手。对把不赞成这句话用作托词和借口的做法，我是坚决反对的。

你属于哪一种情况呢？你可以问一问自己。

怎样理解学生

一、用什么视角看学生

问题：

每个班都有些学困生，这是我们老师最头疼的。这些学困生对学习产生厌倦，不认真完成作业，有些题目根本不做，上课爱听不听的，碰到这样的学生，怎么办呀？

思考和解答：

“都有些学困生”这样的想法和说法可能需要改一改，你看他们不顺眼，他们可能也对你不满意，甚至不合作。

面对群山，大声地骂一句“你笨蛋”，结果是什么？是此起彼伏的回骂：“你笨蛋！你笨蛋！……”相反，你热情地呼唤“你好啊”，周围也会热情地回应：“你好啊！你好啊！……”说不定我们在抱怨“我怎么遇到你们这些学生啊！我真倒霉”的时候，学生可能在想：“全国那么多的好学校需要好老师，你为什么不去？你也只配留在这个学校教我们这些学生。”遇到这样的情况，不如换一种心态：我们都在这个学校中，我信任你、尊重你，我们一起克服困难。很多事例可以证明，我们认为学生笨并非学生真的笨，而是我们用自己的标准和习惯性的看法把他们归在了笨的行列。尊重他们，重视他们，信任他们，给他们机会，他们往往也会还我们欣喜。

转换心态需要转换视角，有这样一个故事：

有一位学生参加考试回来，脸色蜡黄，双目无光，躺在床上茶饭不思。原来是作文考砸了！他有一种坠入深渊的感觉——“一切都完了！”他的心在一片黑暗中沉沦。父亲好说歹说，央求儿子把作文默写出来，并把作文送到一所中学，请几位语文老师把不足之处指出来。三天后拿回作文，发现整篇作文几乎每一处都被认为存在不足。父亲伤心极了，更不敢给儿子看。

就在那天晚上，这位考生的小叔回来了。得知此事后，他将作文抄了一遍，送到作家协会请几位在省内外有名气的作家看看，希望他们将作文中写得好的地方指出来。两天后，作文拿回来了，只见满纸都是褒奖溢美之辞，在有些原先被认为不足的地方，竟写上了赞扬的评语。

这位学生从此不再自暴自弃。他刻苦读书，心中常常鸣响着那些作家的赞扬和鼓励的话语。大学毕业后，他又一鼓作气考上了研究生。

这个故事告诉我们，不同的视角会有不同的发现，不同的态度可能带来不同的结果。你可以想一想，对于眼前的学生，你用的是发现不足的视角还是找出长处的视角？

世上从来没有救世主，一切全靠我们自己！别人的建议对你未必管用。比如，“给他们提供匹配他们能力的学习任务和学习活动”的建议对你或许有用，但有些空洞，不具体；而具体的建议又可能不适合你所处的具体情境。最后还是要靠你自己。

我想问的是：你自己尝试过哪些方法呢？哪些方法有效？哪些方法没有作用？

我的建议是：研究清楚以后，对于没有作用的方法要少用或者不用，对于有作用的方法就要坚持和多用。

二、怎样激发学生的学习积极性

问题：

还有一个多学期就要中考了，一些学生觉得自己没有希望考上本县的重点高中，加上现在中考成绩分等级评价，偏科的学生对中考更是没了信心，因此自暴自弃，不再主动学习。老师鼓励过他们，可效果不佳，没法转化他们的学习态度，请问对这类学生有没有更好的鼓励方法？

思考和解答：

你同意他们的想法吗？你能找出依据证明他们想错了吗？要影响他们，你自己就要先想清楚，只有这样才能说服别人。

你是不是也认为学生学习就是为了中考？如果你也有这样的想法，你就不要想着去说服他们。

你能不能使学生认识到，他们不是为中考而学习，而是为未来的美好生活而学习？

不要将升学作为学习目标和动力。有老师向我这样诉苦："现在一些农村学生的家长比较现实，认为孩子就算读了大学，国家也不分配工作，自己又不能帮着找工作，加上读书需要几万元的学费，这些钱在农村可以建一栋平房了，所以任由孩子发展为好。"

家长都这样想，学生难道不这样想吗？面对这样的情形，作为教师，我们需要想出新的法子来，需要对学校生活的意义和价值有新的思考，需要引导学生正确认识学习的意义。

不知道你读了《孔乙己》有什么样的心得？最近我有了新的想法，我认为孔乙己缺乏应对制度变革的准备，他没有适应新时代的本领，因此，悲剧的发生也就难免了。

我在想，今天的教育是不是也在培养着无法适应变革的"孔乙己们"？不用陈旧的观念和知识教育学生，而是关注未来，引导学生适应变化，这也是教师的一种责任。

三、怎样让学生听老师的话

问题：

学生不怕老师，不把老师的话当一回事，特别是有两个男生上课爱捣乱，总是影响全班，说他他也不怕，应该怎么办？

思考和解答：

问题的症结似乎在于他们不听你的话。你可以想一想，如何才能让学生听老师的话？

“说他他也不怕”，说明传统的影响因素已经失效。我们需要从另外的角度考虑和解决这个问题。我以为需要注意以下几点：

首先，以师爱为前提。你可能会说你是爱他们的，但他们理解和接受你的爱了吗？想一想，你教育他们是为了带好班，取得好的教学成绩，还是为了他们的成长，让他们有更幸福的生活？学生能洞悉你的心态，并据此采取不同的应对行为。

其次，以师能为保障。你有能力影响他们，能保证他们听了你的话后，未来就会变得更美好吗？

第三，以师表为指引。我曾经和很多老师开玩笑说，如果学生看你有空就打麻将，他可能就不会相信“知识就是力量”这句话。

把这些问题都考虑清楚了，有了师爱、师能、师表的基础，然后辅以合理的、人性化的制度，效果可能会好一些。

四、最好不称呼“差生”

问题：

如何尊重和帮助差生？

思考和解答：

我想，你在心里不把他们看成“差生”，不称呼他们为“差生”，就是一种最直接的尊重和帮助。

你或许不同意我的看法，但不妨从学生的角度想一想，他戴着“差生”的帽子会有什么样的心情和表现？1995 年，我写过一篇题为“最好不称呼‘差生’”的文章，希望对你有所帮助。

在现实教育活动中，“差生”是用得比较普遍的一个概念，尽管辞书上仅有对“差”（不好、不够标准）的解释而没有对“差生”的解释，教育学类书籍上也没有这个概念，人们还是在大量运用它。人们一般把“差生”分为两种：一是学习成绩差生，二是行为习惯差生。而理解也是约定俗成的，多以能否升学作为是否为学习成绩差生的判定标准，以是否听老师的话作为是否为行为习惯差生的判定标准。可以说“差生”的运用是应试教育的一种产物。

对“差生”的理解和运用与素质教育是格格不入的。首先，否定了人的素质结构和表现的多样性。人的基本素质具有心理、生理和社会文化等不同层面，包括身体素质、心理素质、智能素质、道德素质、审美素质、劳动素质、交往素质等内容。仅从学业成绩或行为习惯认定某某学生是“差生”显然是片面的，这不利于人的全面发展。其次，否定了学生发展变化的可能性。青少年是发展中的人，他们身上潜藏着在某些方面发展的可能性，教育得法就可以使他们得到发展，成为各种人才；即使在某些方面出现不足，一般也存在矫正的可能性。而“差”是什么？“差”就是不好，不够标准。使用“差生”一词既不承认学生发展的阶段性和个别差异性，也否定了发展变化的可能性。再次，这带来的心理负面影响是十分明显的。社会心理学告诉我们，每个人都不同程度地存在社会尊重、自尊和自我实现的心理需要。背上“差生”包袱的学生奋发图强者固然有之，但更多的感到被歧视，因而意志消沉，甚至失去要求上进的内驱力。对家长的负面影响不言而喻。因这一概念本身否定了发展的可能性，辅导学生时，容易造成教师信心的减弱甚至丧失。

鉴于此，我建议教师们最好不称呼学生为“差生”。

那么，如何称呼那些在某个阶段、某些方面进步比较慢的学生呢？我认为用“后进生”代替“差生”的称呼比较好。“后进生”就是指进步比较慢、水平比较低的学生。使用“后进生”时前面加上限定词，如“学业后进生”、“行为习惯后进生”等，这样，既承认了学生发展的不平衡性，又肯定了他们以后发展的可能性，从而将心理负面影响降到最低。“后进生”的目标是什么？就是加快速度赶上去，使各方面素质得到协调发展。

五、如何批评学生

问题：

有的学生实在很过分，于是我就狠狠地批评他们，但是事后发现学生很反感，与老师形成对立关系，处处与老师作对。有时候，学生表面接受批评，内心其实满不在乎。如何做到既让学生停止错误的行为又不伤学生的自尊心呢？

思考和解答：

学生要听老师的，这似乎天经地义。因为要给你这个老师面子，所以他表面接受批评。另外，如果他不听你的话你可能惩罚他，于是他只能表面接受。

学生是有自己的评判标准的，如果你讲的内容和方法并不适合他，对他没有帮助，或者没有道理，或者你说一套做一套，他自然表面接受，内心抵触，甚至和老师作对。所以，关键还是要讲出有道理和对他有帮助的话来，要从心底打动他。

要让学生接受你的批评，你还要注意以下几个方面：

泰戈尔在《新月集·审判官》中说：“只有我才有权去骂他，去责罚他，因为只有热爱人的才可以惩戒人。”首先，批评的动机应该出于关心和爱护，而不是出于讨厌和不满，不要为了维护个人威信而批评学生。另外，就算出于关心和爱护，批评的话语和方式也要和他所犯的错误相称，不能不公平。

批评时，对事不对人，可以批评行为，但不要批评人格。这可以让他知道你希望他改变不妥的行为，而不是和他这个人过不去。

要尽可能单独批评学生，不在他人面前甚至大庭广众之下批评学生，要给学生留一些面子。

批评以后要做好“善后”工作，引导学生理解你的良苦用心，不要让学生误会你，甚至产生仇恨，从而与你作对。

如何理解环境

一、要找幸福而不要找不痛快

问题：

我有近二十年的教龄，在前面的教师生涯中，我早出晚归，以校为家，二十年如一日。当别人在休息时，我还在辅导学生；周末其他老师都在陪家人，可我还是抛开一切来学校（早些年我校没有实行封闭式管理，条件也比较差，常有社会人员来骚扰，所以学生总是邀请我来教室陪他们学习）。可以说把全部精力都投入教学中，教学成绩也不错。可是近年来，我被“现实”击垮了，总有被社会愚弄的感觉。一些不认真工作的人搬进了大房子，开起了豪华轿车，而我和家人还挤在几十平方米的小屋子里，省吃俭用才能勉强维持生计。是我工作不够努力？还是教师这份工作根本就不值一提？现在我很迷茫。二十年最宝贵的青春年华换来的只是填饱肚子，世上最悲哀的事莫过如此。请求陈教授帮助我消除心理障碍。

思考和解答：

如果我处于你这样的境况中，我可能也会迷茫和失落。

但这样的状态终究不是我们想要的，我们需要走出阴霾。如何走出来呢？我可能会这样想：

首先，把精力放在学生身上。我们图的是什么？是不是图房子和车子？可能不是。我也当了29年的教师，回想一下，当初之所以努力工作是因为觉得做教师要问心无愧，要对得起学生，希望学生在自己班上有进步、有变化。如果我们已经得到了这样的回报，过去的付出就很值得。

其次，过去的已经过去了，不必背着包袱过日子，人总是要向前看的。人生不容易，要对得起自己。如何对得起自己？那就是要为自己找幸福，而不是为自己找不痛快。子曰："富而可求也，虽执鞭之士，吾亦为之；如不可求，从吾所好。"通过自己的努力没能充实口袋，那就充实自己的脑袋和心灵，从事自己喜爱的、擅长的工作。

既然和别人比较物质条件使自己不痛快，那我就不比这些东西。记得刚参加工作，一位同事和我闲聊时说："一位乡党委书记收到了一张贺年卡很高兴，于是到处炫耀。这也值得炫耀？我每年收到的贺年卡都是厚厚的一叠。"这件事情提醒了我：教师的享受更多的是在物质以外。

曾经看到这样一个故事——一位心中痛苦的居士请教高僧："我心中苦，求您解脱我心中的苦。"高僧说："我不能解脱你的苦，谁把苦放进你的心里，你找他去。"谁放苦在人的心中？是人自己。怎么办？找幸福，而不要找不痛快！

但愿对你有一些帮助。

祝一切好！

二、保持平常心

问题：

学校没有明确的规章制度，教师干与不干一个样，干好干坏一个样。因此，教师带着愠怒的情绪进校园。在这样的环境下，怎样提高课堂教学的有效性？

思考和解答：

先要问一个问题：你是不是也带着愠怒的情绪进校园？

如果我们自己也愠怒，就不要去批评他人，而要从改变自己入手。

第二个问题：如果我们愠怒，我们会向谁表现我们的愠怒？

对学校领导班子，我们应该理性地表达自己的愠怒，申诉自己的意愿，参与建设合理而公平的学校制度。挪威戏曲家易卜生说："每个人都对他所属的社会负有责任，那个社会的弊端他也有一份。"对学校的种种不合理，我们自己担负着改造和建设的责任。

面对学生，我们不能带着愠怒的情绪：学生没有招惹你，他们不该受到如此对待；学生是人，有自己的情绪体验，你的愠怒有可能让他们丧失好心情。

想一想，愠怒能改变什么呢？

愠怒没有一点积极作用，并不能改变什么，它让自己心情不爽，让学生跟着倒霉，让同事畏而远之。美国散文家梭罗说："我们应该多多授人以我们的勇气而非我们的绝望，授人以我们的健康舒坦而非我们的愁容病态，当心别去传染疾病。"从这种意义上讲，还是不愠怒为好。

你能不能转换一种视角：不只从自己的角度考虑问题，不把自己的功劳看得太大，看到他人的努力，肯定他人的贡献，体谅制度建设的不容易？我们需要被他人理解，也需要理解他人；有了这样的意识，我们还需要培养这样的能力。

愿你心情好起来。

三、把一点点微光汇集起来

问题：

随着新课改的推进，在大力提倡素质教育的今天，教育出现了误区，学生不愿学，认为学习无目标。陈老师，你如何看待现在的教育？

思考和解答：

今天的教育发展得很艰难，面对的压力很大，这让我们这些教育人很痛苦。但不是没有变化、没有希望，我们需要怀揣着希望推进教育发展。

我最近在思考教师的教学勇气。我想，教师的教学勇气包括有勇气接受教育的不能和自身的不能。我们需要承认，教师只能尽心尽力地影响他人，不能保证会改变他人。但是，我们必须尽到自己的责任，并用自己的智慧和爱心促进学生改变。我们能否尽力创造一个有吸引力的教学环境？是否有勇气去承担一份责任，追求一些改变？

在电影《居里夫人》的片尾，居里夫人这样说："自然是伟大的，我们每个人的发现都只是一点点微光，但把这一点点微光汇集起来，就可能照亮真理的轮廓。"我们个人的确太渺小，但这不妨碍我们聚集众人的力量推动基础教育课程改革向前发展，推动中国教育进步。

我很赞成一位网友的态度，他说："我们不要抱怨，要多发挥主观能动性。多做细致的工作，多调动积极因素。天天想一下：我能把事情做得更好吗？"这样想了，并付诸实践，总会有所改变的。

四、穷则思变

问题：

我从事教育工作已经十六年了，一直以来兢兢业业，对学生也认真负责，但随着年龄的增长，觉得精力不够用了。上四个班的课，一个星期二十节课，每天上完这些课，改完二百多人的作业，一点空闲的时间都没有了，晚上还要回家备课。我也很想多看看书，多看看别人的教学心得，上网查查资料，找到很好的例题，备出高效的教案，可我觉得光是这些课都应付不过来，质量上怎么保证呢？觉得自己都快成机器了，怎么会有幸福感呢？我不想这样，我觉得应该有追求。陈教授，我该怎么办呢？

思考和解答：

很多老师反映了类似的情况。对大家的工作，我满怀敬意，又充满担忧，觉得自己有责任实实在在地给大家提供一些帮助。

我主张用研究改变生活。我以为，越是困难的时候越是需要研究、需要改变。“穷则思变”，这里的“穷”你可以理解为时间不够、精力不足。

比如，二百多本作业为什么一定要自己改？研究一下改这些作业到底有什么作用，花这么多的时间和精力值不值，有没有一种费时更少、工作强度更低、效果更好的方法。

你工作十六年了，一定积累了不少教学经验，这些经验可能是你的财富，也可能成为你的包袱。研究和改变，有时需要轻装上阵，过去有效的方法在今天未必有效，教师需要发挥想象力。不妨大胆地想一想另外的可能，然后迈出改变的步子！

问题：

谢谢陈教授在百忙之中给我回复，谢谢您的建议。我会好好思考自己现在的状态，在以后的人生道路中多动脑筋。我想找回丢失的工作激情，把精力用在做正确的事上。但学校的要求可以变通一下，不是吗？（我们学校要求作业全批全改，老师可没有减负啊！）

思考和解答：

很高兴我的意见对你有些帮助，要相信目前的问题总是有解决办法的，寻找解决问题的办法需要发挥想象力。

你说学校的要求可以变通一下，这我同意，但由谁来促进变化的发生呢？我以为不必等校长做决定，我们可以在研究的基础上做些改变，如果效果不错，学校的变通也就水到渠成，或者我们可以先向学校申请，做一些有关改革的研究，以争取学校的支持。

我相信，如果真的有了好的效果，校长会愿意做出调整的。

如何尊重和热爱学生

一、学习爱的本领和表达

问题：

我们宽容和尊重学生，注入了全部的爱，但为什么总是改变不了学生的日常行为习惯呢？

思考和解答：

教育没有爱万万不行，但只有爱也远远不够。爱不仅仅是一种态度、一种行为，爱还是一种能力。曾经看到这样一个故事：

> 深夜，王老师批改完最后一份试卷，疲惫地拧开收音机，想听听音乐放松一下。收音机里传来节目主持人的声音："××中学高三年级××班的全体同学把这首歌献给他们敬爱的王老师，感谢王老师三年来给他们出了无数道数学题，尤其是高三这一年……"听到这儿，王老师的眼睛湿润了，脸上露出了笑容。主持人接着说："现在，就让我们一起来听李蕙敏演唱的《你没有好结果》……"

应该说，教师内心大多是爱学生的，但实际效果如何呢？某高校曾经对5所中小学的教师和学生进行了问卷调查。随机调查120名教师，问："你热爱学生吗？"90%以上的教师的回答是"热爱"；然后对这120名教师所教的学生进行调查："你体会到了老师对你的爱吗？"回答"体会到了"的仅占10%，也就是说，90%的同学没有体会到老师的爱。

所以，光有爱心不够，我们还要学会爱的表达，提高爱的能力，使我们的爱不被误解。比如，让学生意识到，爱学生，不是为了让学生学好教师所教的学科，而是因为学生需要教师的爱，需要教师的关心。

另外，行为习惯的改变不仅涉及认识的改变，而且涉及情感的接纳和意志的锤炼，它受环境和同伴的影响，并且常常出现反复。要改变一个人长久形成的习惯，需要做好打持久战的准备。

二、尊重·责任·爱

问题：

陈老师，爱是一种艺术，爱是一种能力，这我们也知道。你能不能说一说，应该如何爱学生？

思考和解答：

这是一个大问题，三言两语也说不清。我曾经对这个问题进行过思考，写过一篇文章——《尊重　责任　爱——从师生关系看师德修养进阶》，发表在《人民教育》2010 年第 17 期上，你可以看一看（以下引文略有删节）：

> 师生关系是教师专业生活中需要面对的最为普遍和最为核心的人际关系。如何认识、理解和处理师生关系，是教师专业生活和道德修养过程中必须回应的一个问题。从师生关系看教师道德修养进阶，笔者认为，有这样三个关键词需要注意：尊重，责任，爱。
>
> 一、尊重是教育的前提
>
> （一）教育呼唤尊重
>
> 把尊重放在首要位置来讨论，不仅是因为尊重是教育产生影响的基础，而且是因为在实践中，教师对学生的尊重存在缺失。主要有以下两个方面的原因：
>
> 首先，师生之间的年龄和角色差异很容易导致教师对学生不尊重。一方面，老师和学生之间不仅存在成人和未成年人的年龄差异，而且相对学生而言，教师“闻道在先”，属于有知

者（或者多知者），老师处于教者、授业者、社会要求代言人的地位。这使一些老师不能摆正自己的位置，从而失去了对学生应有的尊重之心。老师可能对学生、孩子以外的他人表现出更多的尊重，而对学生却常常不够尊重。另一方面，出于对老师的尊重和信任，加上要求尊重的意识不强，学生对教师不尊重自己的现象并不敏感，也缺乏有效的应对。平常我们常说"尊师爱生"，其实际现状往往是：教师对学生热爱有余，尊重不足，因为尊重不足而导致的对学生的伤害不时发生；而学生对教师尊重有余，热爱不足，学生对老师敬而远之。

其次，老师的责任和使命是促进学生成长和发展，教育的责任和使命很容易使教师忽略尊重。有一位教师要求学生用普通话朗读课文，学生从农村来，不会说普通话，教师一再要求，学生很不耐烦，对教师指责道："你只会说要用普通话读，我讨厌你，我鄙视你！"这位刚走上讲台的教师因此落荒而逃……我们是做教师的，你可以想一想，对你的学生，你是先想着"教育"和"帮助"，还是先想着"尊重"和"接纳"？这样一想，你就明白为什么要把"尊重"作为首要的问题讨论了。

由于缺乏尊重的前提和基础，教师出于爱和教育的行为并不为学生理解和接受，其结果轻一点是教师的努力看不到效果，重一点是师生间产生矛盾和冲突。对艰辛的付出没有取到好的效果，很多老师感到委屈，他们没有意识到，缺乏尊重的基础，致使学生产生了抵触和逆反心理。

（二）以理解和接纳的方式尊重

教育孩子的前提是尊重孩子，尊重孩子的前提是理解孩子。如何理解孩子？马克斯·范梅南说："'你应该理解他的情境'，这种表达方法并不只是指我们必须考虑与一个人的位置相关的所有事实与因素——这尤其意味着我们必须从另外一个人的存在的角度来理解情境。"[①] 站在被理解者、被接受者的角度考虑问题是一种有效的理解方式。

换位到孩子的位置不仅要想一想自己也曾经是孩子，而且还要看到今天的孩子已经不是昨天的孩子，我们生活过的童年时代已经被今天的时代超越，今天的孩子已经超越了孩子时的我们（尽管这种超越未必全是积极的东西）。因此，不能用我们当初的生活和学习方式要求今天的孩子，"当年勇"未必对今天的"好汉"管用。不能用我们当初的观念、思想和行为看待今天的孩子，需要蹲下身子重新认识和了解今天的孩子，需要"再当孩子"，在理解和教育孩子时，教师永远只是"大孩子"。

理解有利于接纳。大卫·杰弗里·史密斯说："爱世界、爱他人、爱自己的学生，意味着与他们保持这样一种交往关系：不是事先决定好怎样让他们成为我希望的样子，而是以这种方式接受——接受我们对彼此的局限性，而不只是想象中的可能性。唯其如此，我们才能达到共享的真理。教育学关怀应在以下动态系统中表达出来：既拥抱世界，又放任世界，在这种拥抱世界和放任世界的状态中重新发现自我，这样，师生之间相互引导，臻于成熟，相互贡献各自的才干，而绝对不能预先设定一个'永久'的结构。"[②] 定位于接纳，这要求我们做出一个教育学的转向：施教者不要"预先设定一个'永久'的结构"准备教育和改造，而是先定位于接纳、容忍和共处，接纳彼此的局限，接纳不成熟的现状，接纳多样性的表现，接纳发展变化的差异性，接纳现有的生存和生活方式，用"教育学关怀"拥抱眼前这"不完满的世界"。

---

① 马克斯·范梅南．教学机智［M］．北京：教育科学出版社，2001：97.

② 大卫·杰弗里·史密斯．全球化与后现代教育学［M］．北京：教育科学出版社，2000：29－30.

二、教师的责任是促进学生健康成长

尊重是教育的前提和基础，但仅有尊重还不是教育。对只有尊重的老师，我们可以说："你只是学生的好朋友，但不是学生的好老师。"教师对学生的责任有哪些呢？笔者以为一是保护，二是教育。

（一）教师对学生的保护之责

首先是生命安全的保护。保护后代，为下一代开辟生存道路是种群繁衍的一种选择。而对弱小者实施保护，则是人类文明进化的具体体现。《儿童权利公约》告诉我们："儿童应该是人类一切成就的第一个受益者，也应该是人类失败的最后一个蒙难者。"这是文明社会的共同价值取向。相对而言，学生（特别是基础教育阶段的学生）相对而言是弱小者，他们需要教师的保护。2008 年修订颁布的《中小学教师职业道德规范》中提出了"保护学生安全，关心学生健康，维护学生权益"的要求，保护学生安全已经成为教师履行职责的硬性要求。它不仅要求教师在灾难和危险面前要帮助学生先行脱险，而且要制止有害于学生健康和安全的行为或者其他侵犯学生合法权益的行为，同时要加强对学生安全的教育和管理。

其次是保护学生的做人尊严。一方面是对学生的人格尊严平等对待和小心呵护，另一方面是提供具有挑战性而又能够胜任的工作任务，让学生在有成就的学校生活中培养和实现自己的人格尊严。

再次是保护学生的上进心，以及认识世界、展示自己等美好愿望。我们常常可以听到"激发学生的学习兴趣"的说法，想一想，当学生刚走进学校的时候，他是怀着怎样的渴望和梦想？现在的问题是，不少学生在学校生活一段时间以后，反而对学习索然无趣。所以，如何保护好学生的学习兴趣，这是我们需要思考和研究的一个问题，保护好了，激发就不会那么辛苦和徒劳了。

第四是保护儿童的童心和天性。意大利教育家蒙台梭利在《童年的秘密》中有“儿童是成人之父”的观点，儿童之心发乎天性，他们好奇，他们天真，他们纯洁，他们善良，他们富有想象力，他们无拘无束……，这是成人社会最为需要的。在《皇帝的新装》这个故事里，正是孩子的童心为拯救这个说谎的成人社会留下希望。可以说，在教育中保护童心就是保护希望，保护美好，保护未来。

（二）教师对学生的教育之责

教师对学生的成长承担引导之责，教师对学生的引导之责通过教育来实现。现在的问题是：教师如何对学生实施教育？

在对学生实施教育的过程中，不少教师把学生看成了工作对象，花了很大的力气对学生进行“塑造”和“加工”，教师加班加点，学生不堪重负，师生关系紧张对立。我认为，教师把学生（或者是学生的分数、学生的成才）当成教育的产品和教师的劳动成果，这是诸多教育问题难以解决的一个内在原因。

教育的产品是什么？教师通过什么中介物实现促进学生成长的教育目的呢？我认为，是教师创造的教育环境和教育活动在影响学生成长，能促进学生成长的教育环境和教育活动就是课程。加工和创造课程，以更高质量的课程促进学生发展和变化，这才是教师劳动的价值和意义所在。

把课程看成教师创造性劳动的对象，需要教师把工作的着力点从学生身上转移到课程上，用更加合理、有效的课程促进学生成长和变化。我想，只有从理论到实践实现了这样的转移，减轻学生过重的课业负担，提高教育教学质量才有可能真正得以实现。

三、师爱是教育成功的最有力保障

这是一个师范学生的实习日记：

我在学校的实习生活平平淡淡，但就在这平淡中，我不时看到让自己内心隐隐作痛的情景：每天，办公室的所有老师几乎都会收到小孩子亲手做的小礼物，如画、剪纸、自制小风车、卡片等，看到这些小礼物，老师们脸上都洋溢着孩子般的笑容。可奇怪的是，我都教他们三个星期了，却从来没有收到他们的只言片语。我曾经反反复复地检讨自己：我上课从不骂人，从不惩罚人，也不给他们布置任何作业，按理说他们更喜欢我这类老师才对呀？可问题到底出在哪里呢？我想不出原因。

今天上课，我照常死气沉沉地完成了教学任务。下课时，一个有一双水汪汪大眼睛的可爱小女孩，站起来问我："老师，为什么你每次上完课就走了？怎么不和我们一起玩，也不和我们交流，不给我们布置作业，上课时同学讲话耍小东西你都不提醒他们？"

在这里，学生给老师送自己亲手做的小礼物，表达的是学生对老师的爱，对老师劳动的接受和尊重。因为自己的付出和劳动被理解和被尊重，所以老师脸上洋溢着孩子般的笑容。

对每一个善良而追求成功的教师来说，不被天真无邪的孩子接纳和欢迎，可能都是痛苦的。孩子们为什么不接纳这位实习教师？答案在这个可爱的小女孩的问题中："老师，为什么你每次上完课就走了？……"她的潜台词是：你只是在完成任务，我们没有看到你真正关心我们，当然就不会喜欢你。

教师需要履行职责，但仅仅把工作看成履行职责，这样的教师最多只能算合格教师。爱是什么？爱是在履行职责的基础上更加自觉、更多地付出——更多地付出关怀，更多地付出智慧，更多地付出时间和精力。"没有爱就没有教育。"只有付出爱了，教师才能成为学生喜欢的教师，才可能成为优秀的教师。

为什么爱如此重要？人是一个复杂的存在，他们有理性，更有感情，作为情感性的存在（特别是低龄学生），他们是否跟随教师的依据首先是情感性的——“老师是否爱我”。当学生认定你爱他时，“亲其师，信其道”，你的批评可能被学生理解成关心和帮助，你的表扬可能被认可为肯定和鼓励；相反，当学生认为你不爱他时，你的批评可能被学生理解成歧视和“挑刺儿”，而你的表扬则会被认为是讨好和利用。想一下，如果是后一种情况，你怎么成功？又怎么能享受教育活动的愉悦？

再从教师身教重于言教看，多萝茜·洛·诺尔特曾经说：“如果一个孩子生活在接受中，他就学会了爱；如果一个孩子生活在认可中，他就学会了自爱；如果一个孩子生活在安全之中，他就相信自己和周围的人；如果一个孩子生活在友爱之中，他就学会了这世界是生活的好地方；如果一个孩子生活在真诚之中，他就学会了头脑平静地生活。”[①]在和学生接触的过程中，教师需要以爱育爱，让爱在教育中传递。

我认为，这三个关键词存在实践的进阶关系。首先需要尊重，尊重是人与人交往的基本原则，是基本的社会行为规范对教师的要求。有了尊重，可以减少冲突，增进理解，这是履行责任和施爱的基础。其次是承担好责任，承担保护和教育的责任是教师角色的基本要求，也是一种应尽的义务。更高层次是施爱，爱是教育取得成功的前提和保障，是值得提倡和鼓励的态度和行为方式，它是教师在自我修养过程中应该追求的一种境界。当然，三者相辅相成，比如爱可以强化对责任的理解和履行。

三、爱的修炼两问

问题：

个别学生不爱学习，你关心他，他不领情，怎么办？

---

① 戈登·德莱顿，珍妮特·沃斯．学习的革命［M］．北京：三联书店，1997：76.

思考和解答：

孟子曾经提出“三反”的主张：“爱人不亲，反其仁；治人不治，反其智；礼人不答，反其敬。行有不得者，皆反求诸己。”意思是：我爱别人而别人不亲近我，应反问自己的仁爱之心够不够；我管理别人而未能管理好，应反问自己的知识能力够不够；我礼貌地对待人而得不到回应，要反问自己的态度够不够恭敬；任何行为得不到预期效果，都应反躬自问，好好检查自己。我想，这也可以成为我们教师自我反省和自我改造的一种方式。

当然，这样的检查是为了研究和改变自己，而不是自我否定。我不希望你在自我反省中陷入内疚、自我谴责的泥潭而不能自拔。

问题：

教师能否对学生说刻薄的话？我指的是一对一的情况下，并且学生有侮辱老师人格的言行。

思考和解答：

教师还是要尽可能宽容地对待学生，他毕竟不懂事，还未成年。刻薄的话会伤人，会激化矛盾，说过以后仔细想一想，发现总是于事无补，还伤害了人，这时只能后悔。因此，刻薄的话不要说，说了也没有什么作用，这不过是逞一时口舌之快而已。

实在气愤的话，就等他走后，在无人处大声说一说，或者用其他方式发泄一下，以缓解情绪。

如何理解和实施教学

一、学生学得好的课才算好课

问题：

有些老师课上得非常好，但是期末考试他所教班级的成绩却是同年级里最差的，真是百思不得其解。为什么会出现这种现象？

思考和解答：

这里涉及好课的判断标准的问题。我们以为，好课应该是学生学得好的课，如果学生学得好，一般情况下考试成绩应该是不错的。

会不会是老师过于看重自己的教，而忽视了学生的学？或者学生觉得老师讲得好，自己用不着再努力就可以学好？或者教师讲得过多，学生练得不够？……

如果老师只顾自己讲得好，忽视了学生的动手能力、思维能力、处理问题的能力的培养，学生考得不好就在情理当中了。

教师要尽可能成就学生学的精彩，从追求学的效果入手做一些研究和调整。

当然，也不排除考试的内容和方法过于机械，让一些采用机械训练方法的教师捡了便宜。如果是出于这样的原因，改变考试内容和方法也是我们需要研究的。

你再调查一下学生，研究一下学生的答卷，相信会有自己的发现。

你可以参考一位老师的看法："其实，我们在教学过程中，很多时候感觉课上得不错，下课的时候往往还自我陶醉一番，结果考试成绩却不理想。我也分析过其中的原因，觉得问题可能出在三个方面：一是讲多练少，课堂上'过手'的功夫不够；二是讲深练浅，训练题的难度不够；三是学多记少，辅导量不够。"

问题：

我的课堂气氛活跃，但学生容易浮躁，怎么办？

思考和解答：

这里有一个问题：我们追求的是课堂气氛的活跃吗？我以为不是。佐藤学在《静悄悄的革命》中说："应当追求的不是'发言热闹的教室'，而是'用心地相互倾听的教室'。只有在'用心地相互倾听的教室'里，才能通过发言让各种思考和情感相互交流，否则相互交流是不可能发生的。”课堂教学目标在很大程度上是通过相对紧张的智力活动实现的，智力活动需要在一个相对安静的课堂环境中开展。

因此，我以为课堂上要追求的是思维的活跃，而不是形式的活跃。思维活动要在“用心地相互倾听的教室”里进行。课堂上，既要让学生敢于发言，善于表达，也要让学生养成静静思考、相互倾听的习惯。倾听时学生会把他人经验与自身经验进行比较，从而改造自身经验，得到发展。

二、哪些问题可以当堂处理

问题：

语文课堂教学的一般模式是：老师先提出问题，然后学生思考、讨论、回答问题。这与让学生主动提出问题、解决问题的课程理念是不是相违背？另外，课堂上让学生质疑，学生会提出很多问题，如果所有问题都解决会花很多时间，不解决又怕打击学生的积极性，应该解决哪些问题呢？

思考和解答：

教育实践是不能走极端的，课堂上只有老师提问未必好，但老师不提问或者对学生的提问不加引导也不见得好。

就当前的课堂教学看，主要问题还是老师独霸提出问题的权利。改革的大体方向是让学生多提问，而且教学目标是培养学生发现问题和解决问题的能力。

我的想法是，学生提问时，教师要给予指导，有了合适的指导（比如预习），课堂提问的质量就可能得到提高。不仅要鼓励学生提出问题，培养他们提问的勇气，而且要培养学生对自己的问题先思考一番的责任感。

对于学生的问题，可以解决一些，留下一些，这里涉及价值判断和时机选择的问题。有的需要解决，有的未必需要解决；有的可以在课堂上及时解决，有的则可以留待以后解决。

到底如何处理呢？首先，看问题和课堂内容的关联度，关联度高的，可以在课堂上解决。其次，看问题的难易度，难易适中、不至于太耗费时间的，可以当堂解决。再次，看学生对这个问题的关心度，看关心这个问题的学生多不多，学生是否急切希望解决这个问题。第四，看提问者的情况。如果提问的学生心情开朗，这个问题可以放一放；如果提问的学生非常内向，好不容易鼓足勇气提一个问题，教师就一定要当堂给出回应，并尽可能让他得到比较满意的答案，这样下一次他才有勇气提出问题。

三、如何培养学生的思维能力

问题：

在学习能力中，思维能力是核心和关键，如何培养低年级学生的思维能力呢？

思考和解答：

一是要鼓励积极、主动、认真思考的行为，不要指责他们的一些幼稚和不成熟的想法。如果你老是批评他，他可能就不思考了。二是要让思维的过程外显，让他把想法和思路说出来、做出来，你可以据此指导学生思维。三是要培养学生的语言表达能力，使他们更清晰、更生动地表达自己的想法。

问题：

“让思维过程外显”是什么意思？

思考和解答：

我曾经写过一篇文章——《课堂上如何指导学生思维》，你可以看一看。

对学生在课堂上的某一表现，尽管从外部表情可以看出“这个学生在想问题”，但到底在想什么，以及是怎么想的，我们并不清楚。也就是说，思维的内容和思维的方式是看不见的，思维就其本质而言是内隐的活动。该如何指导学生思维呢？答案是借助语言——这里的语言并非仅仅指书面语言和口头语言，还应该包括能够传递信息的图像、符号、体态、表情等。就语言和思维的关系看，语言是思维的工具，思维是对语言的加工，两者不可分割。这是可以借助语言研究、指导和影响思维的根据。

思维看不见，但语言却可以表达、传递和观察，这样，思维就可以借助语言来认识和指导。教学中有这样两种活动方式：一是练习，二是提问或者学生交流表达。为什么要练习？一方面，练习有巩固的意义，有将知识转化为能力、促进知识运用的作用；另一方面，练习提供了一种将内隐的思维方式、思维过程通过做题外化为文字、符号、动作等语言的机会，老师可以根据学生表达出的语言理解学生的思维，进而指导学生思维。同样的道理，学生在课堂上的发言也是一种思维的表达。关注学生的语言就是关注学生的思维，指导学生的语言也是在指导学生思维。通过语言外化了解和指导学生思维也会遇到问题：一个人的语言能否真正反映和表达一个人的思维？答案是并不一定。这里的原因不仅有表达水平的限制，还有表达的主观故意和选择。比如，当学生意识到他的发言可能被嘲笑时，就会选择不发言；如果他意识到表达“不会做这道题目”、“对这个问题没有思考”的真实思维自己可能会受到惩罚，他就可能选择抄别人的作业或者逃避……从这种意义上说，让学生觉得安全，不仅是了解学生内心感情的前提，也是了解学生真实的思维状态并进行有效指导的关键。

想抓住学生的思维就要抓住学生的语言。如何通过语言指导学生思维呢？我想至少有这几个方面的策略是要注意的：

首先是倾听策略。原因很简单，你不用心听，就不知道他说了什么，就不知道他在想什么，怎么想。因为倾听不仅具有教学的意义，而且具有生活意义，所以倾听既是一种态度，又是一门艺术。作为一种生活态度，它强调平等、尊重、真诚。作为一门艺术，它需要等待、鼓励和支持。简单地说，教学倾听不是用耳朵，而是用整个心灵。

其次是追问策略。追问是一种用语言指导学生思维的策略，目的在于促进学生自我教育。笔者认为，追问可以达到这样一些目的：澄清和坚定现有的想法，更全面地思考问题，更深入地发现问题的背景和前景，否定或修正现有认识。尽管在追问过程中，不能排除教师提供结论的可能，但就发展学生思维的目的要求来看，还是需要回到老祖宗那里。《学记》中写道："故君子之教，喻也；道而弗索，强而弗抑，开而弗达。"——高明的教师善于引导：引导学生，决不牵着学生的鼻子；严格要求学生，决不使学生感到压抑；在问题开头启发学生思考，决不把最终结果端给学生。

第三是引导小结策略。学习总要有效果，思维总要有成果。小结是将思维的成果系统化、体系化；是将追问和应答过程中发现的一粒粒珍珠用线串成项链，以避免珍珠散落和遗失；是从乱糟糟的书堆中清理出有价值的文献，然后归类存放，以便检索和应用。

四、吸引学生注意力的最佳方法

问题：

如何让学生在课堂中保持学习兴趣？

思考和解答：

没有人能在较长时间里始终兴趣盎然，人总会有松懈的时候，因此，要允许学生有一些分心和不在意。

如果活动本身对学生有价值，就能引起学生的兴趣。有这样一个故事：

一位哲学家的一批弟子就要毕业了，哲学家把他们带到一块荒芜的田地中，并告诉大家将在这里上最后一课。哲学家提出的问题是“怎样除去地里的杂草”。

弟子们各抒己见。

“可以用手拔。”

“可以使用除草剂。”

“可以用火烧的方法。”

“可以向土里加石灰，使草失去生长的条件。”

……

哲学家说：“大家回去按自己的办法除去地里的杂草，一年以后都到这儿来，说说效果怎么样，这就是我的作业，再见。”

一年后，弟子们陆续从各地来到这里，一年前荒芜的土地已经长满了绿油油的庄稼，可是，老师始终没有来。弟子们很疑惑：“从不迟到的老师为什么没来？”结合一年前老师提出的问题，再看看这绿油油的庄稼，弟子们明白了：怎样除去杂草最好？用绿油油的庄稼；怎样除去邪念？培养美德……

这个故事告诉我们，使学生有学习兴趣的最佳方法是让学习活动本身有趣。

当然，让学习活动变得有趣，需要教师有深厚的知识背景和扎实的课堂教学功底。苏霍姆林斯基说：“只有当教师的知识视野比学校教学大纲宽广得无可比拟的时候，教师才能成为教育过程的真正的能手、艺术家和诗人。”教师还可以适时变换教学的方式和节奏。

五、注重培养学习能力

问题：

每年教师节都会有很多升入高中的学生回来看望我们，交谈之中，他们都反应高中物理难学，意志薄弱和学习方法不妥的学生更是因此失去了学物理的兴趣。我们都知道难是因为初中与高中衔接中出现了“高台阶”，刚从初中升上高中的学生普遍不能很快适应。如何搞好初、高中物理教学的衔接，不仅是高中物理老师面临的问题，也是初中物理老师应该面对的问题。我们初中物理老师怎样做才能更好地为孩子们的高中物理学习打好基础呢？

思考和解答：

您能提出这样的问题，真是让人敬佩。有很多类似“教孩子×年，考虑孩子一生”的标语和口号，却很少有人真正去关注孩子从自己学校走出去后的生活。学生初中毕业了，你在思考他们如何应对高中学习，并期望由此改进初中教学，了不起，向您表示敬意！

我注意到《国家中长期教育改革和发展规划纲要》中有这样的提法：“要着力提高学生的学习能力、实践能力、创新能力，教育学生学会知识技能，学会动手动脑，学会生存生活，学会做人做事，促进学生主动适应社会，开创美好未来。”这里增加了“学习能力”。

我以为，人生要成功、要幸福，最重要的就是要有足够的学习能力。

以前听说过这样一个故事：一个境外团体到中国内地访问，看到满街商铺店面挂着“质量信得过商店”、“用户最满意商店”之类的招牌，其中一人忍不住问陪同参观的人员：“我们看到了这么多不同的招牌，为什么没有‘最具学习力商场’的招牌？”这是一个未经证实的故事。但我听过以后，不由得对“最具学习力商场”充满了想象：我最具有学习力，不论你有多出色，只要是值得学习的，我都能够很快向你学习并超越你。同样，学生今天落后一些没有关系，只要有学习能力、创造能力，都能够赶上别人。

教师需要培养学生的学习能力，让学生学会学习。一个学习能力强的人，不仅能掌握有用的知识，还有好的学习态度，有战胜困难的勇气、良好的学习习惯、适合自身特点的有效的学习方法，善于体会和发现学习的快乐。学会学习不仅意味着学会接受知识，而且意味着学会转化（从课堂到实践的转化，从书本到生活的转化），学会创造。

从运用和发展学习能力的角度看，我以为，好的教学是既充分运用和发挥学生的学习能力，又注重发展和提升学生的学习能力的教学。培养学习能力有利于提升学习效率，为未来学习、终身学习奠定基础。

你一方面可以在培养学生的学习能力上多花一些工夫，另一方面，还可以研究高中物理的一些教材，教初中相关内容的时候，注意点出高中阶段要学的问题，为高中学习起到一个引子的作用。

我相信，只要有了这方面的意识，你总能想出解决办法的。

祝成功！

六、提高评价的有效性

问题：

一位同学的课堂发言很精彩，教师说："表扬他！"同学们一起竖起大拇指，说："棒棒棒，你真棒！"你认为这样的表扬方式值得提倡吗？为什么？

思考和解答：

我不太赞成这样的方式，因为这样的表扬是空洞的，没有具体的行为指向，学生并不明白为什么被表扬，其他同学也不知道可以从中学到什么。哥伦比亚大学卡萝·杜微克教授曾经做过"赞美实验"，对一组同学说："不错哦，你一定很用心。"而对另外一组同学说："不错哦，你一定很聪明。"最后发现，接受"不错哦，你一定很用心"评价的同学进步更明显。为什么这一组的效果要好一些？我以为，"一定很用心"具有指点和引导的性质。

我认为，最好将表扬和被表扬同学的具体行为结合起来，只有这样，才能促进学生坚持合理行为，改变不合理行为，表现你所期望的行为。

另外，“棒棒棒，你真棒”这样的评价显得很随意，时间一长，被表扬者就会觉得老师和同学缺乏诚意。我认为，有效的鼓励性评价要出自真心的关怀、真正的信任、真诚的欣赏和鼓励。

问题：

在40分钟里，呈现的课堂教学现象是纷繁复杂的，有的是显性的，有的是隐性的。那么课堂评价有没有明确的对象？如果有，评价对象包括哪些？怎样科学准确地对教学行为进行评价？

思考和解答：

课堂上的评价主要是针对学生的，评价什么呢？过去我们主要评价结果和效果，关注学生的意见是否正确，结论是否合理。现在我主张关注学习活动和学习过程，通过评价使学生产生需要的学习行为和学习活动，从而实现教学目标。

至于评价的科学准确，这是我们的理想和愿望，在实际的教学评价中，我们只能看评价是否使学生产生了预期的积极变化。如果评价引起了预期的变化，可以说这种评价是有效的；如果评价引起的变化又是理想的，则可以说这种评价不仅有效，而且合理。

问题：

表扬与批评是一门艺术。一节课中你最多能表扬多少个学生？又能含蓄地指点多少个学生？小学一个班少则十几人，多则五十几人，像五十多个学生的大班教学，我试过，一节课中最多表扬过31个学生，效果很好，课堂氛围很活跃。之后我妄想着一节课中把所有学生都赞扬一遍，可无论怎么努力我都达不成这个愿望，请指点迷津。

思考和解答：

你对表扬和批评这样的实践问题展开研究，希望关注和称赞所有学生，很不错。

表扬应该传递一种接纳、欣赏和鼓励。你是否从心里接纳他、赞许他、鼓励他，学生看得十分清楚。因此，重要的是真心、真诚和真实，外在的形式是次要的。

另外，欣赏和鼓励的方式多种多样，不一定要口头表扬，你可以用眼神，用微笑，用手势……这些都是传递鼓励和接纳的手段。

我们不一定要追求把每个同学都表扬一次，而要争取所有同学都在教师的视野中，得到教师的关怀，不要在课堂上伤害任何一个学生。

七、牢牢抓住纪律的缰绳

问题：

每次备好了课，安排好了如何上这一节课，可是课堂教学中总会碰到一些干扰，比如学生在课堂上睡觉得提醒，学生调皮捣蛋得管……。很多时候教师的思路被打断，课堂教学不流畅，没能达到课堂教学的目的，长期这样就会影响教学进度和质量。该怎么办？

思考和解答：

课堂上必须牢牢抓住纪律的缰绳。学生需要一个有秩序、有纪律的环境，要通过纪律管理使学生形成遵守纪律的意识和习惯。没有好的纪律，教学就难以正常进行。

从你提到的情况看，你需要把培养学生良好的学习习惯作为首要教学任务。有这样一句话：“好习惯成就好人生。”

但即使重视纪律，学生有良好的学习习惯，课堂上还是会出现这样或那样的意外，又怎么办呢？

一方面，教学设计的时候要有教学中可能出现意外的考虑，可以从大的板块和关键处设计，这样就不容易忘记。还有，课堂设计不要太满，要有一定的弹性。

最优秀的老师心中有教学内容和进程安排，但把主要精力放在学生身上，能做到因势利导，不会出现丢三落四的现象。要成为最优秀的教师，需要在实践中修炼这样的意识和能力。

问题：

课堂管理对新教师来说是一种挑战，如何进行课堂管理？

思考和解答：

课堂管理对每个老师而言都可能是一种挑战，只是新教师更加缺乏经验而已。新教师获得课堂管理经验的最好办法，就是观察有经验的老教师是如何处理的，然后加以分析和选择。为什么要加以分析和选择呢？因为有的老教师的管理尽管成功（学生害怕他们，于是只好表面服从），但并不合理（对学生过于严厉，对学生的合理要求没有满足，缺乏一种民主的氛围）。新教师首先要思考你想营造什么样的课堂氛围，想让学生过什么样的课堂生活。

观课时要把解决课堂管理的问题作为一项重要的任务。我发现，很多新教师主要在观察老教师是如何教学的，没有观察和研究他们如何进行课堂管理的意识和习惯。

新教师对教学还不熟悉，把主要精力放在教学内容上，无法兼顾课堂纪律管理，这是课堂纪律出问题的一个原因。对此，一个办法是备课时熟练掌握教学内容和教学流程；另外一个办法是请搭班的老师或朋友当助教，帮助你维持课堂纪律，这也不失为一种有效的方法。

另外，你可以和同样面临困难的新老师组成研究团队，定期交流心得。

教师如何有效发展自己

一、脑袋和时间不够用，怎么办

问题：

教学过程中我老是觉得自己脑袋不够用，方法不多。我应该怎么改进呢？

思考和解答：

你觉得你的脑袋不够用，其实我的脑袋也是不够用的。每个人可能都会有应对外界事物的“本领恐慌”，可能都会对自己的能力和水平有某种程度的“不满意”，这样的现象很正常。就是因为有“不满意”，我们才知道需要学习。

尽管缺乏教导的资格，但我还是要说说自己的意见，希望对你有所帮助：

首先，要想一想如何用好自己的头脑。如果什么事情都想，什么事情都关心，必然会觉得脑袋不够用。教师把精力用在教育上，对教育的事情就可能更清楚，把精力用在课堂上，对课堂上的问题也就可能更明白。另外，要做好课前研究和预备，不打无准备之仗，准备充分一些，课堂上就可能从容一些。

其次，要想一想如何借脑。借脑就是借助他人的经验和智慧，向他人学习。如何借？这里涉及方向和方法的问题。我发现很多老师借的是方法，关注他人的技术，但“教学有法，教无定法”，很多具体的方法可能别人用起来效果好，你一用就出问题。因此，借脑时要原理、原则和技术一起借。同时，借脑的时候一定要用脑，要思考别人方法背后的原则和原理，研究别人思考和处理问题的方式。

再次，要想一想在课堂上如何从台前退到幕后。课堂上教师要用脑，但更重要的是要让学生用脑。你看电影电视中，战斗打响以后，指挥员更多的是观察，具体怎么打，由战斗员自己动脑。

问题：

教师如何合理分配时间？怎样才能不忙？

思考和解答：

现在很多教师研究和思考的时间不足，学习和充电的时间不够。忙是什么？心亡则忙。忙得不可开交的时候，我会问一问自己：是不是心丢了，不动脑子了？

简单地说，要把自己的主要精力放在做正确的事上，要正确地做事，同时注意分出轻重缓急，安排好优先次序。

你可以多在课前下工夫，多研究和学习，争取把有限的时间用来做正确的事、最该做的事。做事时尽可能统筹规划，合理利用时间。

二、使自己具有人格魅力和幽默感

问题：

教师如何培养自己的人格魅力和幽默感呢？

思考和解答：

向我提出这样的问题有点问道于盲的味道，我自认不算有人格魅力和幽默感的教师。不过，我希望自己有一点人格魅力，有一点幽默感，不妨把自己的想法说一说。

从人格魅力来讲，我希望自己真一些，实一些，慈悲一些。真一些，就是不说一套做一套，而是致力于实践自己讲的东西，知行统一，不唱高调。实一些，就是实在一些、充实一些，多学多问，可以有很多不懂的东西，但不能什么也不懂，希望通过自己的努力变得有一些学识。慈悲一些，就是希望自己学会悲天悯人，学会爱自己、爱他人、爱自然，理解他人的处境和痛苦。

从我的现状来讲，我刚刚有了修炼自己的人格魅力的念头，接下来要用行动来实践。

对于幽默，我的想法就是心态要好，要学会拿自己做幽默的材料。

有了幽默感，还要适度运用，终究，影响人、感染人不能只靠说，更不能靠耍小聪明。

问题：

陈老师，你说要慈悲一些，我们还听你说过“慈心生出慧眼来”，你为什么强调慈心？

思考和解答：

我所说的“慈心”，首先是爱自己之心。“爱自己，栽培自己，做一个幸福的教师”是我最想对老师们说的。我认为，人对自身需求状态的审视可能带来满足感，对自身处境的审视可能带来舒适感，而对自身力量的审视则可能带来幸福感。一方面，成长意味着自身力量的增强，对成长的审视让人体验幸福；另一方面，创造意味着自身力量的实现，创造实现幸福。让自己生活幸福，就是爱自己的表现。

其次是爱学生之心。《中小学教师职业道德规范》强调教师要“爱岗敬业”。“敬”意味着敬重和敬畏。因为事关学生、家长、社会、民族和国家，事关人类未来，教育极为重要，所以我们需要敬重。敬畏就是担心、害怕。担心、害怕什么？害怕自己的教育实践对不起学生，伤害了学生，妨碍了学生的发展。为什么有这种担心呢？因为时间和生命具有不可逆性。人生是宝贵的，对于生命活动，我们不能不敬畏，不能不谨慎。优秀教师应该是对教育满怀敬畏之心、处事谨慎的教师，而具体到工作中，则需要满怀慈悲之心进行研究。

“慈心”生出“慧眼”来，有了“慈心”，我们就更容易发现、研究问题。有一位朋友这样写：“很想做一个和颜悦色的老师，很想柔声细雨地和学生讲话，可是不行。为什么你们不能乖乖的？为什么要明知故犯？为什么要把我的话当耳边风？为什么我认认真真地在讲，你却心不在焉，等一下又问我刚讲过的东西？为什么会这样？……”读完以后，我给她留言：“是不是可以转化一下提问方式，把‘你为什么要把我的话当耳边风’变成‘我讲的话他为什么会当耳边风’？然后想一想，变一变。”

学生总把教师的话当成耳边风，这会使我们感到不舒服，情况严重时还会让我们感到痛苦。与“你为什么要把我的话当耳边风”（抱怨学生不听话）比较，“我讲的话他为什么会当耳边风”的提问方式提供了一条通过研究解决问题、改变现状的思路。我们需要研究“我讲什么，他才不会当成耳边风”、“我要怎么讲他才爱听”等问题。这样的研究指向自我，将改变和提升自我。改变以后，我们可能受到学生的爱戴和欢迎，课堂教学也可能出现新的面貌，教育生活就可能变得舒适和愉快。

在与网友的交流中，有朋友这样说：“大道至简，道法自然。用心教学就是科研。”我说：“‘用心’是一个很好的词语，但光有‘用心’的动机不够，我们还需要‘用心’的方法。心用在何处？我以为，应该用在发现教学中各种事实和现象、行动、结果的关系上，并致力于改进行动，谋求更好的效果。从这种意义上讲，用心教学也就有了科研的味道。”教师仅有“慈心”不够，还需要“慧眼”。用“慧眼”干什么呢？不仅用来发现问题，而且用来发现教育假设、教育实践、教育效果之间的关系，获得关于自己、学生、教学、教材等方方面面的新的认识，进而改进教育实践。

要成为一个幸福而优秀的教师，“慈心”和“慧眼”是两项必需的修炼。

三、这个学科只有一个教师，如何教研

问题：

我所在的学校是农村九年一贯制学校，只有我一个化学老师，再说我又是一个刚参加工作的年轻人，该如何教研呢？请陈教授指导一下，好吗？

思考和解答：

你的问题，很多小学科（比如音乐，美术）的老师也问过。

孟子说“人人皆可为尧舜”，是指人人都可以达到尧舜的成就吗？我以为不是，可以理解为人人都可以存有尧舜兼善天下的责任心，像尧舜那样去实践。不论处境多么不利，只要我们愿意进步、愿意改进，就可以不坠青云之志，就可以不断进步！

学校里这个学科只有一个教师，该如何教研？

首先，积极参加区县和片区的教研活动，不放过每一次机会，虚心请教，力争进步。

其次，在学校里多观察和研究其他学科教师的课。好的教育是相通的，你可以观察他们如何处理教材，如何设计教学活动，如何组织管理学生……。做好了这些，你的化学教学也就入门了。

再次，对自己的课堂教学进行反思。每次上课之前，都想一想：我原来是怎么教的？效果如何？这次能不能有所改变？通过改变要达到什么样的效果？每次下课以后，想一想：我原来的计划是什么？课堂上我做了什么？教学效果如何？如果再教我可以做出哪些改变？……要把自己的想法用于实践，一边观察效果，一边谋求改进。我相信，坚持下去，用不了几年，你就能看到自己有明显变化。

至于自我反思的方式，你可以把自己讲课的情景录下来，然后回听、整理课堂实录。整理课堂实录时，要反省为什么没有达到理想的效果，并思考如何调整和改进。根据我个人的经验，做课堂实录对教师帮助最大。

这些都是相对简单的方法，效果比较明显。如果要让自己的教学更有根基和进步，就一定要多读书、多思考，并坚持教育写作。另外，网络交流也是一种有效的方法。

四、天地万物都是我们成长的导师

问题：

教师是不是必须去听其他教师的课呢？

思考和解答：

我不知道你提出这个问题的背景和原因是什么。

我想问的是，有什么理由不去听呢？

古人说“三人行，必有我师焉”，为什么“必有我师焉”？因为他人都是我的镜子，我可以“择其善者而从之，其不善者而改之”。我需要和我接触的一切人和事物的洞察力和活力来帮助我更新自己的生命，天地万物都是我成长的导师，何况自己的同事？我以为，问题的关键不在于听不听课，而在于能不能从他人的课堂上获得成长的营养。你是不是因为没有收获而不愿意观察其他同事的课呢？

或许，你认为学科不同，价值不大。学科差异并不是问题，学科差异越大，对你的启发可能越大。特别是在自己的学科处于思维枯竭境地的时候，你更应该通过其他学科教学开阔视野，获得教育的启示。

或者，你知道人生是充满选择的，在有限的生命中，必须珍惜时间，必须对自己的生命负责，对学生的成长负责，由此，你有了更有效的专业成长方式。如果你是这样负责任的教师，你可以向校长展示你的成长规划，争取得到学校的理解和支持。如果不是，就老老实实从他人的课堂中学习，和同事们共同努力，让观课议课更有成效，教学研究活动更有价值。

五、教育写作最好言为心声

问题：

现阶段，我处于这样一种状态：想研究一点什么，却感觉无从下手，想总结一点什么，却感觉缺少文才。虽然也写些教育随笔，可回过头来看，零零散散，感觉没长进。请陈老师指教一二为谢！

思考和解答：

要研究问题首先要有问题意识。要学会从自己的教育教学中找出不满意之处，有了不满意也就可能产生改进的愿望和动机，从而解决问题。研究问题的第二个来源是阅读。阅读开阔我们的视野，使我们发现更先进、更科学、更有效的观念和方法。见贤思齐，产生改进的动机，并将改变的设想付诸行动就是研究。

一般来说，教师的研究本身就是行动的改变，只是研究中的行动具有发现的成分，具有探索的性质。

不要将研究神秘化。可以从发现想法、行动和效果的关系入手，关系捋清楚了，就算获得了认识成果；将获得的认识成果用于实践，再观察、修正原有的认识和实践，你就会不断地成长和进步。这样的研究既提高了认识，又改进了实践。

教育写作要言为心声，一定要想明白，否则，想写出好东西来几乎不可能。如何想呢？首先可以纵向想，想清楚它的来龙去脉和未来的可能变化；其次可以横向想，想一想这样做的前后关联和对与此相关事务的影响。这样，我们的思考和表达就可能深入一些、全面一些。另外，避免文章零散的方法是心中要有研究课题，围绕课题思考几个问题，这些问题要有紧密关联，这样做下来效果可能就不一样。

怎样提高学校教研的实效性

一、先让教师自己“醒”过来

问题：

在农村学校，教研组长的工作很尴尬，上面学校有任务要求，下面老师不听安排，教研组长中间受气。想搞点活动，促进老师们的课堂教学，老师们会说你没事找事。

思考和解答：

我在中学担任过政史地教研组长，也遇到过同样的问题。过去也没有想到更有效的方法，现在，对这个问题有了一些思考，我觉得首要的问题是要让教师“醒”过来，让他们意识到自己的责任和需要，从而愿意行动起来，要激发他们参加学校教研活动的积极性。

我曾经写过一篇文章——《“醒”过来，为自己也为他人》，其中的一些文字你可以看一看。

前些年，一位搞教育研究的朋友跟我说，他们对学校薄弱的原因进行过研究，发现致“弱”的不是硬件和经费，而是人心，“人心散了”、“无目标了，无追求了”是学校愈弱愈贫的主要原因。也曾经和一位做公益事业的香港朋友交流，这位朋友说，接触内地的教师，感到最难受的是，许多教师没有意识到自己的责任和使命，缺乏向上和进取的愿望。实践中，我自己和很多教师接触，看过很多麻木的脸，听过很多抱怨的话语。教师的生存方式堪忧，这是我曾经研究和写作《创造幸福的教师生活》的动机。

我始终认为，没有生存追求的改变，就没有生存方式和生存状态的改变。哀莫大于心死，教师需要从麻木和沉沦的状态中“醒”过来。

如果要问为什么要“醒”过来，我想至少可以从以下两个方面思考。

首先是要为自己的生活寻找意义。人活着是需要意义和价值作支撑的，教师生活的价值和意义是什么呢？在我的记忆中有这样两个故事。

我刚参加工作时，是学校的团委副书记，要列席学校的行政办公会。有一年“五一”前夕，行政会要讨论当年的工会活动积极分子。正在开会，推门进来一位老教师，说希望学校同意他当选工会活动积极分子。这使与会者为难，因为这位老师并不符合条件。但这位老师愿望强烈，最后他说：“我到这所学校工作几十年了，从来没有拿过一张奖状，现在我要退休了，希望得到一张学校的奖状。”听着这位老师的要求，我想我可不能像这位老师一样，当了一辈子教师，到退休的时候也没有找到一种成就感和意义感。

工作二十多年后，我在成都市双流县实验小学听到了另外的故事。这所学校里有一位女教师，热爱教育，热爱学生，在五十岁生日前跟学校领导说："我的生日，子女说要给我好好办一办，但我希望能和孩子们一起过。因此，我想请你们在这一天到我的教室里来，见证我最有意义的一个生日。"这个故事让我感动。

想一想，多少次偶然的幸运，才成就了你今天的唯一，你为什么不珍惜自己，让自己幸福，让自己的生活更有意义？

其次是对学生的意义。请你设想这样的情形：你的孩子要读书，有两个教师可供选择，一个阳光开朗，活泼向上，一个麻木阴沉，心理灰暗，你更愿意选择谁来教你的孩子？

我问过很多老师，大家都愿意选择阳光向上的教师。接下来的问题是，既然你希望自己的孩子遇到这样的老师，为什么你不选择成为这样的老师？

教师是学生观察和模仿的对象，可以说，教师的一颦一笑、喜怒哀乐都躲不过学生的眼睛，教师的态度和情绪体验会对学生形成持久而深刻的影响。有一首歌唱得好："你眉头开了，所以我笑了；你眼睛红了，我的天灰了。……你快乐，于是我快乐。"苏霍姆林斯基曾经说："心情苦闷和精神郁闷，这种情绪会对学生的全部脑力劳动打下烙印，使他的大脑变得麻木起来。只有那种明朗的、乐观的心情才是滋养思想的大河的生机勃勃的溪流。郁郁不乐、情绪苦闷所造成的后果，就是使掌管情绪冲动和思维的情绪色彩的皮下层中心停止工作，不再激发智慧去从事劳动，而且还会束缚智慧的劳动。"

如何"醒"过来呢？这里说一说认清本质和调整心态的问题。

认清本质实际上就是进行价值追问和价值梳理。也就是把问题充分揭示出来，直面自己的人生，追问人生的意义，梳理人生的选择。

比如，我们可以问一问，工作是为了什么，工作意味着什么？我们的回答大多是“工作是为了生活”。这样想肯定也对，因为我们需要工作，没有工作就没有工资，没有工资就难以生活。但仅有这样的认识是不够的，那样工作就成了生活以外的东西。事实上，工作和生活还有另外一层关系，那就是“工作本身就是生活”，工作的过程是我们生命流淌的过程，课堂上流逝的不只是时间，还是师生的生命，因此，我们有责任有义务让自己和学生宝贵的生命更有意义和价值。

有朋友会说：“不管你怎么说，我就是痛苦，就是不快乐。工作条件让我不快乐，这些学生也让我没有成就感。”我们建议你想一想：不快乐对你有什么好处？对改变你目前的生活有什么作用？这样一想，你就会意识到还是快乐起来好一点。

调整心态是用更积极的态度看待环境，赋予眼前环境以更积极的意义。曾经收到一位朋友的邮件：“人生来就是解决问题的，这句话是我6年教学生活中的感悟。从参加工作到现在，教学一直不顺，课堂总有这样那样的问题，每天总有这样那样的闲事，还非完成不可，学校总会有这样那样的工作，需要去比赛，去和别人竞争。有时候会觉得自己挺没用，别人把事情做得那么好，自己却总是一团糟，什么事情也不顺！就说做一节课吧，这样备课学生不听，那样备课学生纪律不好，怎么备怎么失败，想提高自己怎么就那么难呢？今天在回家的路上，看着路上的行人，看着一张张不同表情的脸，有人脸上的那种疲惫令我难受，难道我也会这样吗？人生来不就是解决问题的？没有问题，没有疑惑，你就不会思考，不会进步，人生就是这样过来的。想到这，我心情一下子就轻松了，我还有那么多美好的日子，我要高高兴兴地享受生活、享受人生。我会准备一个小本子，写上我的问题，写上我的观察。问题，以前你是魔鬼，现在你是我的好朋友，我们来比一比，是你厉害还是我的脑子转得快！”

事实上，我们只能以理想的态度对待生活。马可·奥勒留在《沉思录》中说：“不管事情结果如何，在这个过程中，在过程的每一步，我们只能采取‘理想’的态度，即相信事情会得到圆满解决。只有循着理想，朝着理想的方向前进，才能接近理想的目标。只能抱有信心和信任，别无他途。除了对自己要有信心，对别人也要有信心和信任。这当然是一种理想的假设，但这是我们做事情的前提。”

二、研究是为了让生活舒适和美好

问题：

陈老师，你说“研究就是运用思想和行动结合起来的力量让自己的教育生活变得舒适和美好”，这是我听过的最有吸引力的关于教育科研的说法。关于教育研究和教师生活的关联，我想请您详细地说一说。

思考和解答：

我认为，研究就其本质而言，是利用理性和行动结合的力量认识和改造生活的过程，其基础是发现生活中各种事实和现象间的关系、意义。中小学教师的研究目的是创新生活，研究问题要源于生活，研究方式要融入生活。

（一）研究目的是创新生活

马克思的墓志铭是：历史上的哲学家总是千方百计以各种各样的方式解释世界，然而更重要的在于改造世界。教师做研究的主要目的在于改造生活、创新生活。这种创新又主要体现在新知、新事、新人三个方面。

研究首先要发现行动和行动结果（效果）之间的关联，比如教的行动和教的效果、学的行动和学的效果之间的关联，并由此反省自己的行动依据和假设。研究的结果，是弄清楚它们之间的关联，得到关于自己、学生、教学、教材等方方面面的新的认识。这是一个修正、完善和丰富研究者原有认识的过程。在这个过程中，研究者原有的知识内容、知识结构都将随之发生改变，并得以重新建构。这是一个获得新知的过程。

对各种教育事实和现象之间关联的深刻洞悉和把握，有利于认识、理解和预测教育事实和现象的发展方向和趋势，从而对其进行更有效的促进或调控。有了新知的基础，研究者新的实践也就有了可能。新事首先是做事的手段和方式有了新的突破，其次是由此产生或获得了新的实践效果。它是一种推陈出新的新，一种超越既往的新。这种改变、突破和超越是人的“自由自觉的本质力量”的实现和体现，是美的创造和展示。依据自身的研究体会，我们似乎可以对《学记》做出这样的补说：“学然后知不足，教然后知困，研然后知美。知不足，然后能自反也；知困，然后能自强也；知美，然后能自乐也。故曰，教学研相长也。”“美”和“乐”带来了研究的幸福。

新知和新行动的出现意味着新人的诞生。从终极意义上讲，研究意味着人的新生，或者说新人的创生。研究的一个重要任务是认识和研究自己。研究自己是为了更新自己、超越自己，追求理想的人的生活。人的生活的最根本特征就在于，他总是生活在“理想”的世界里，总是向着“可能性”行进。为了超越现实的规定性，我们不仅需要改造世界，更需要改造和更新自身。我们认为，由于缺乏对自身的研究，缺乏新人的创生和超越，教育科研始终外在于教师的生活，教师也就很难从中体会科研的快乐，并对教育科研产生认同感。

有了新知、新事、新人，最后的结果是人与周围的环境更加和谐，人在环境中获得更多的自由。和谐和自由带来的是生活舒适，从这种意义上讲，研究的根本目的就是让自己的生活更加舒适、更加幸福。

有一次，我看一位老师很高兴地早早准备进教室，于是想分享她的快乐："有什么喜事，把你乐成这样?"她说："陈老师，我今天要上《陶罐和铁罐》。教学重点是通过对话的教学使学生体会陶罐和铁罐的性格。过去教过几次，但一直没有找到突破口，今天早上，我再翻一翻课文，注意到了这两句对话。铁罐说：'你敢碰我吗?陶罐子!'陶罐答：'不敢，铁罐兄弟。'这两句对话有两处不同：一是称谓不同，二是标点不同。称谓上，一个用'陶罐子'，一个用'铁罐兄弟'，态度不同；标点上，一个感叹号，一个句号，语气不同。今天，我想试着引导学生分析这两句对话，让学生体会陶罐和铁罐的性格，不知道会有什么效果。"这位老师在对教材的研究中有了新的认识，新的认识带来了新的教学思考和规划。这种规划是对以往行动方式的改造和超越，新的规划意味着创造，创造带来了新的希望。我以为，对未来有期盼的生活是值得追求的幸福的教师生活。苏霍姆林斯基说："如果你想让教师的劳动能够给教师带来乐趣，使天天上课不至于变成一种单调乏味的义务，那你就应当引导每一位教师走上从事一些研究这条幸福的道路上来。"

（二）研究问题应该源于生活

善于研究的教师一定是对自己的生活质量十分在意的教师，一定是十分善于考察自己现有生活状态的教师，一定是十分渴望理想生活的教师。

对现有生活状态进行考察，我们总会发现存在这样那样的问题；在追求理想生活的过程中，我们又会遇到这样那样的困难。这些问题和困难影响了生活的质量，为了改善生活，我们需要对这些问题进行研究。比如，上完一节课，想一想：我对上课氛围满意吗?对教学的效率满意吗?学生在课堂上愉快和幸福吗?……有了这些问题和不满意，你就可以展开研究。以课堂教学为例，教师的研究目的就是要让自己在课堂上更舒适、更快乐，让学生的学习兴趣更浓、更有收获。学生的成长、进步本身就能给教师带来舒适、快乐的教学感受。

选题时需要考虑问题的价值、是否有新意和可行性。我们认为，只要是教师在实践中遇到的真实问题，对教师而言都具有研究价值。不解决这样的问题，你的工作和生活质量就会受到影响，这样的问题难道没有研究价值？这就是“问题即课题”。从创新性的角度看，我的问题对你来说可能不是创新，但对我而言就可能是一种创新，因此，我不必争取你的认同和立项，我可以为自己立项。

基于这样的理解，中小学教师做教育科研时就不要怕课题得不到认同，而应该担心所研究的问题和实际生活距离太远。孔子说："古之学者为己，今之学者为人。"“为己”是以修身立德、发展自己为本，“为人”是以邀誉名利、建功立业为务；“为己”的目的是改造自己，“为人”的目的则是见闻于社会。

（三）研究方法要融入生活

我们认为，行动研究本质上是对自身生命活动的研究和改造。为行动研究（目的），对行动研究（对象），在行动中研究（方式），主要依靠行动者自身的力量研究（研究者），和实践中的教育教学生活紧密结合是行动研究的主要特征。行动研究是教师参与教育科研的主要方式。

深度融入生活的研究方式还有叙事研究。从本质上看，生命的意义在于创造故事，为生命活动留下痕迹。可以说，生活因为故事而获得了意义，并因此变得有价值。叙事的意义首先在于“坐下来，再次审视自己的生命，复习一遍，端详生命的肌理和细节”，从而使自己“再活一次”（纳塔莉·戈德堡）。其次，通过叙事让过去的故事和历史照亮前程，引领未来，用故事再造人生。这样，一方面是人创造故事，另一方面是用故事再造人生，使人更合理地创造新故事。要实现用故事再造人生的目标，叙事研究就不能仅仅停留在“叙事”的水平上，而要对故事进行研究。研究意味着思考，在叙事研究中，不仅需要“获得经验之思”，而且需要改造、提升经验的“反思之思”。

另外一种有效融入生活的研究方式是类比研究。类比研究作为一种从特殊到特殊的研究方法，尽管得出的结论不一定正确，但它独辟蹊径，给人以灵感和启示。类比研究给教师提供了“工作学习生活一体化”的成长道路：只要你想学习，愿意学习，生活中处处有学问，时时可学习。佛语云：“青青翠竹尽是法身，郁郁黄花无非般若。”想一想，有了“道法自然”的意识，何时不学习？何处无成长？

三、观课议课如何与课题研究相结合

问题：

陈老师，我们一边在研究和实践你提出的观课议课，一边在做一个关于课堂教学改革的市级科研课题，这两者应该是可以相互促进的。我们想请教的问题是：如何把观课议课和学校课题研究结合起来？

思考和解答：

可以说，观课议课是课堂研究的一个有效工具。

当观课议课与科研课题结合起来的时候，观课议课就具有行动研究的特征。对于行动研究，我是这样理解的：为行动而研究，这是行动研究的目标定位；对行动进行研究，这是行动研究的对象；在行动中研究，这是行动研究的主要方式；主要由行动者研究，这是行动研究的主体。

教学研究就其本质而言，离不开思辨研究和实证研究这两种方式。如何使观课议课具有思辨和实证的研究性质，并能有效解决课堂教学中的具体问题？可以考虑这样的流程和方法：

发现和提出课堂教学中的问题。需要思考这个问题是否值得研究，是否需要采取行动研究的方法等。这是第一步。

通过观课议课调查研究。观察和研究课堂教学中问题的表现，问题产生的原因等。可以说这是在观课议课的过程中进行调查研究。这是第二步。

在思辨中形成问题改进的行动方案，也就是提出解决问题的假设。这是第三步。主要有以下几种途径：一是对过去的实践经验进行反思，从中发现解决问题的合理成分；二是从处理相关问题比较有经验的老师的课堂上寻找思路，这可以通过观课议课来提炼；三是读书，请教专家，从中借鉴智慧。在此基础上，经过思辨研究，得出研究假设，这是有所改进和突破、需要在课堂上加以验证的行动方案。

在研究过程中，这一步十分重要。区别一般行动和行动研究，我以为就是看有没有想要发现、证明、改进的东西。有了这些东西，可以说是行动研究；如果没有，只能说是单纯的实践行动。

把行动方案的改进要素投放于实践，实证这些要素的作用和价值，同时发现新的问题。实证研究也可以采取观课议课的方式进行。观课是采证的过程，采证时要把关注的焦点放在学生的学习活动、学习效果上。议课时要围绕改进要素与实际效果来讨论，讨论改进要素是否解决了问题，是否提高了效率，是否具有合理性。这是第四步。

这是一个循环的过程，因此课堂教学改进只有方向，没有终点，只有更好，没有最好。

四、教研中的常见问题讨论

问题：

评课时，有时大家会争论不休，评课教师的观点与上课老师的观点相冲突。这时该怎么办？

思考和解答：

帕尔默在《教学勇气——漫步教师心灵》中说："与真命题相反的是假命题，但是与一个深刻真理相对立的，可能是另一个深刻的命题。"你的意见有合理性，他的意见也可能有合理性。教学是充满发展性的自主性实践活动，你何必非得说服别人接受你的观点？大家可以敞开说，畅所欲言，不同的意见各有各的价值，不必非此即彼。

问题：

不久前我在镇中心学校上过一节公开课，其中有一个环节是让学生合作学习。评课时，一半的老师说："这样的课堂太乱了。"一半的老师却说："我还嫌它不够乱呢。"

我听得有点糊涂了，陈教授，您说呢？

思考和解答：

我没有观察过你的课，没有发言权。而且，你不能完全听从他人的评价，而需要自己判断和反思。

用不同的角度看问题就会有不同的结论。不要把他人对课的评价看成对你的批评，要把它看成不同的视角表达。从多角度审视课堂，我们的理解才可能更深刻、更全面。

另外，不要过于看重他人的结论，而要看他们的依据和论证的方法。最好问一问他们得出结论的依据，这有利于你理解他们的观点，也可以帮助他们梳理和清晰地表达意见。

问题：

议课时，应重点议"优"还是议"劣"？如何把握好"度"？

思考和解答：

观课议课不是要对课分出等第，做出判断，拿出结论。一旦把心思放在定优劣上，实际上它就成了评课。因此，可以既不议"优"，也不议"劣"，而是围绕课堂教学中的事实和现象，讨论原因和发展变化的可能性。在《静悄悄的革命》中，佐藤学有这样的观点："研讨教学问题的目的绝不是对授课情况的好坏进行评论，因为对上课好坏的评论只会彼此伤害。"对于评课，上海师范大学李正太老师说："'挑毛病'和'找亮点'，是一种时尚。只是经过这样的追捧或诋毁，乌鸦还是乌鸦，天鹅也还是天鹅，无他。"

我们主张，在日常的学校教研活动中，最好是议课，而不是评课。

当然，议课也有争论，但争论的目的在于梳理、明晰和开阔视野。

班级管理的问题与讨论

一、让学生的意见成为共同成长的资源

案例：

"老师，我要告你！"①

下午第二节课，我拿着一摞作业本来到教室里上语文课。刚上完体育课的孩子个个像喷射着火花的小太阳，我扫视四周，发现小涛的位置是空的。

"我要告他，我要打官司！"门口传来一阵喧闹声，这孩子十分激动、愤怒，两眼像要迸出火花。这是一个个性极强的孩子，发起脾气来就像一头桀骜不驯的狮子，对父母如此，对老师也是这个态度，无论怎么教育都无济于事。

我大致了解了事情的来龙去脉。体育课上，全班同学注意力不集中，体育老师说要罚站两分钟，他没有听到，于是老师

① 案例来源：王芳，王鑫驾，等. 老师，我要告你！[J]. 班主任之友，2010（10）：19.

罚他抄“以后上课不许说话”50遍。抄好以后，发现他抄得很潦草，体育老师不满意，又要他背书。可能背的都是生僻的句子，孩子火了，便发脾气和老师理论起来。老师一气之下，就把他留在办公室，不让他回教室，这下他火气更大了，便大声和老师吵了起来，扬言要告老师，要与老师打官司，并且信心十足地说“我有把握！我会赢”。

“你有钱吗?”我轻声地问他。他一字一顿地说：“打官司不用钱!”教室里顿时传来一阵哄堂大笑。他可能想到错了，凝神思索了一会儿，马上补充说：“我可以把压岁钱拿出来打官司!”

我先请他到教室西边的空地上（怕其他老师看到，为了保护他的自尊心，也有利于师生交谈），还打了电话约他的妈妈过来。孩子看到妈妈，更是激动，便一股脑地将那恶气撒在母亲身上。我柔声地对他说：“有理不在声高，公道自在人心。别激动，好好讲。”他一口咬定体育老师没有说过要罚站两分钟，我便向一些同学了解情况，结果他们证实老师说过这句话。没想到，他还是不肯认错，执拗地说自己真的没有听到。

“你认为自己注意力集中，可是我们总有开小差的时候，没关系，只要以后集中注意力就好。”我不紧不慢地说。我努力用柔和的声音和温和的态度让他平静下来。他的妈妈着急地催他马上去跟体育老师道歉，他斩钉截铁地说：“我死也不去道歉!”接着，他话锋一转，矛头直指体育老师：“你说，就算我开小差，没有听到他的话，我错了，我也抄了50遍，后来为什么又要罚我背书呢?我当时急着要回教室上课呢?”

“怪不得你那么急。是呀，要上课了，对一个爱学习的孩子而言，铃声就是命令。”我先肯定了他的好学，他的语气、态度一下子柔和了许多。这时，我话锋一转，突然加重语气，批评起那位体育老师来：“这个糊涂老师，这个傻瓜老师，难道不知道这是他的休息时间吗？干吗不利用这时间休息呢？我们小涛上课不专心，这个坏毛病不改，虽说可能会影响他的一生和前程，但这跟你体育老师有什么关系？真是狗拿耗子——多管闲事。”

“哦，对了！”我突然醒悟似的大声说，“我这就去跟那个糊涂老师说，叫他以后不要再管你了！”说罢，我故意做势，大步流星地向体育办公室走去。

“等等！”孩子着急地大声喊。见我不理他，他突然撒开腿，马不停蹄地向体育办公室跑去。只见他偷偷地从窗户外看了看，见老师没在，径直朝体育馆走去。体育老师也朝他走过来，只见他在老师面前站定，用清晰响亮的声音说：“任老师，对不起！”老师摸着他的头，会心地笑了。

讨论：

十分感谢王老师提供了“老师，我要告你！”这个案例。这个案例可能招来一些批评意见，对敢于提供可能招致批评的案例的老师，我总是怀有敬意和谢意的。

我不赞成王老师这样的处理方式。

我以为主要问题出在体育老师身上。罚抄“以后上课不许说话”50 遍，罚背书，可以说这是一种变相体罚。把学生留在办公室，不让学生参与下一节课的学习，可以说这是一种剥夺学生受教育权的行为。当然，老师可以说这是为了教育学生，但即使出于教育的目的，也不能采用违法的方式，依法执教是教师职业道德的基本要求。

面对教师的侵权行为，具有一定法律意识的学生说“我要告他，我要打官司”、“我有把握！我会赢”，这是在维护自己的人格尊严和受教育权，在表达自己的公民权利。当具有维权意识的学生说要打官司时，老师说“你有钱吗”，这显示出教师对教育缺乏思考，教师内心深处残留的是“八字衙门朝南开，有理无钱莫进来”。

这本身不符合现代法治精神，何况在实践中，在缺钱的情况下还可以申请诉讼费减、免、缓。

很多老师可能会说：“你站着说话不腰疼，同事关系怎么处？”我就站在一线班主任的角度说一说我的意见。

首先，可以对学生说：“打官司之前可以协商。你可以把自己的意见和不满写出来，老师帮你转交给体育老师，我们看他是怎么想的。然后你再想一想，这件事情是怎么引起的，你自己有什么责任，这你也可以写一写，让体育老师明白。”这样做，是为了让他冷静下来，一方面反思班上同学们上课注意力不集中的原因和行为，向体育老师道歉；另一方面，让他把不平梳理出来，这本身就是缓和情绪的一种手段，梳理出来以后，也方便和体育老师沟通。

其次，和体育老师沟通。不是去责备体育老师，破坏同事关系，而是相互交换信息，共同成长。孔子说：“群居终日，言不及义，好行小慧，难矣哉!”（意为：整天聚在一块，说的、交流的都不是道义的东西，而是专好卖弄小聪明，这种人就难以教导了!）我以为，聚在一起只相互讨好和迎合，不谈大义的算不上好同事。因此，可以把学生的意见转达给体育老师，听一听体育老师的见解，也开诚布公地说一说自己的看法。在这里，班主任最好是一个信息提供者，而不是一个教育帮助者。如果班主任出面帮体育老师把事情“摆平”，可能导致他无所顾忌，反而会害了这位老师。你可以向体育老师表达自己的看法：一方面，你认为学生可以维护自己的合法权益，另一方面，你不希望学生实施“告老师”的行动。

从这个案例中还可以得到这样的启示：真理并不都在老师这边，对于学生手中的真理，我们需要如蒙田所说，“不管在何人手里寻到真理，我都会表示欢迎和亲近，并且会轻松愉快地向真理缴械。当我看见真理远远向我走来时，我会立刻作出投降的姿态”。我们还可以把学生的意见当成促进自己和同事进行教育反思、专业成长的资源。

这里选用俞正强老师经历的一个故事来说明。

我刚工作的时候，上课一遇到学生吵，就很生气。……我就给他们立了一条规矩：上课讲话不要紧，但不要吵到让我停下来维持课堂纪律。让我停下来也不要紧，但不能让我一堂课上停三次，因为这样就没法上课了。如果停三次以上的话，那我就罚学生放学后在教室里静坐15分钟。这是跟他们讲好了的，他们也没办法。想想也是应该的，课堂上太吵，那些想学习的学生也会感到很烦。

有一天，有个小朋友让我停下来三次。我说："好，这是第三次停下来。今天放学后，大家都要留下来静坐。"放学后，学生们就乖乖地留下来静坐了。那天我很得意，觉得自己的这一招很不错。

等我让他们回家的时候，一个小朋友拿着一个作业本过来了。"咦？"我很惊讶，"你怎么把作业本拿来了？我们今天又没留作业，你为什么把这个本子交给我？"她说："俞老师，你看看，你看看。"说完，她就跑了。我打开作业本，看见本子里写的话："老师，您这是在浪费我们的时间！"

这怎么会是浪费时间呢？我在这个孩子的作业本上批复："好的纪律是好好学习的前提，可爱的小姐！"可是，第二天我又看到了她写的回复："俞老师，如果你能让他们忘记吵，算你厉害！"我当时看了这句话，马上就有一种很复杂的感觉，这种感觉是说不出来的。我觉得学生看不起我。她的潜台词好像是："你是老师，有什么了不起？你有本领，就让学生忘记吵。"那天我想了很多。她给我的警示是：老师不要凭着自己的权威一味地要求学生"你要听，你要听"。老师应该思考自己的课到底上得好不好。如果上得不好，凭什么要求学生认真听？这对我的教育意义实在是太大了。我以前从来没这样反思过。我总是认为，学习是学生自己的事情，学不学都是学生自己的事情。反正我上课认真地讲，学生不听就是学生自己的责任，更是学生的损失。这种思想其实很不对。作为老师，让学生在课堂上忘记吵是他的一项重要任务，因为学生还是未成年人，不是大人。他们的自律能力很差，他们是要吵的、要动的。如果老师课上得很精彩，学生就会在课堂上忘记吵，上得不精彩他们才会吵。①

就我看来，俞正强是一位非常善于反思和注意成长的教师，他的心灵向学生敞开，注意从学生的批评中获取成长营养，并由此找到当教师的幸福。这一点，很值得我们学习。

二、教师自己的孩子，如何教

案例：

王某，是我的儿子，也是我的学生。别的学生犯了错误，我总是以一颗宽容的心去对待，而对自己的孩子犯错误，我就无法容忍。别人的孩子骂不得，打不得，自己的孩子随我怎么样都行。正是在这样的想法驱使下，我管教儿子的方法简单粗暴，动不动就是严厉惩罚，还冠冕堂皇地称之为“杀鸡儆猴”。殊不知，我的这一做法在孩子幼小的心田里留下了深深的烙印。孩子在日记中这样写道：“我的妈妈是一只母老虎。”不满的种子不断地生根、发芽，他的脾气变得越来越倔强。事实告诉我：心急吃不了热豆腐，教育孩子必须学会等待。经过深刻反思，我意识到：以后再用这种一成不变的教育方法，孩子会越发叛逆，把我说的话当作耳边风。于是，我暗暗告诫自己：必须学会控制情绪，必须学会忍耐，必须学会等待。

一次，因家长反映王某经常欺负同桌的女生，班主任刘老师就找他谈话，我也做了一回“旁听生”。刘老师的声音轻柔，

---

① 王永红，俞正强．低头找幸福［M］．北京：教育科学出版社，2007：12－13.

语气委婉，话语中没有任何的指责，有的是宽容、理解、关爱。当时儿子还是勉强地点着头，回到了自己的座位上。这时英语老师来了，要求组长收家庭作业，昨天他忘记做了，正埋头快速地补写着，我走到他身边，轻轻地说："你看，同学们都在读书了，把笔停下，不要写了，抓紧时间读书吧。现在是读书时间，不是让你补作业的。如果人人都像你一样，那老师就不用布置家庭作业了，大家都只要到学校里做就好了。"我刚说完，他立即站起来，把手中的铅笔扔了，由于不小心铅笔芯又刺到了手上，于是他开始哇哇大哭起来。假如换了平时，我肯定是几个巴掌，然后把他拉到教室外面。但转念一想，这样的方法不知在儿子身上用过多少次了，可又有多大效果呢？还是冷处理吧！我把他拉到门后，让他一个人静静地待着。我也没说一句话，以他的脾气，现在说，他是一句也听不进，还会时不时顶撞你几句的，免得难堪吧。

放学后，我心平气和地找他谈话，先让他陈述早晨发生的事情的经过，我边听边插话，及时指出他在整件事中的错误。我告诉他："不管什么理由，男生欺负女生总是不对的。如果同桌骂你，喜欢斤斤计较，你可以告诉老师，让老师来处理，你说对吗？"他点点头。我继续说道："你发脾气把笔扔到讲台上，也是不理智的。你想，全班学生会怎么看你？把手刺痛了，还当着那么多学生的面大哭起来，不觉得难为情吗？"他不好意思地低下了头。我轻柔地摸着他的头，语重心长地说："我相信经过这件事情你会吸取教训，以后可别再发那么大的脾气了。"如今，王某的脾气不再那么倔强了，也比较听老师的话，其他方面的行为习惯也在不断地进步①。

---

① 案例来源：袁丽群. 老师的孩子，谁来教？［J］. 班主任之友，2010（11）：40.

讨论：

我赞成“易子而教”的做法。

我曾经主持过一次课堂教学观摩，预先问了几个小朋友的年龄，都说是十岁，看他们一副稚气未脱的样子，我把他们介绍成四年级的学生，学生跟我说他们是五年级的。我很惊讶，这么小的孩子就读五年级了。原来这是师范大学附属小学，学生多为教师子弟。我跟几位朋友开玩笑：“生在教师家庭多么可怜，也只有教师才这样对待自己的子女。”

很多人可能认为教师的子女是幸福的，但他们不知道，教师的子女有格外的压力，因为当教师的家长看过太多在某方面优秀和出色的学生，他们往往渴望自己的子女集中这些优点。另外，这些家长希望自己的孩子成为其他学生的榜样，能处处起带头示范作用。如果这些家长个性上再好强一点，就难免对自己的孩子苛责了。教师的孩子可能不仅失去了自由，而且生活压抑，情绪逆反，成才效果并不理想。而作为教师的家长呢？则往往由希望到失望再到绝望，最后不仅对自己的子女失去信心，而且没有了当教师的自信，觉得自己的孩子都这样，不方便和其他家长沟通交流，工作和生活质量都由此受到影响。

所以，教师最好不要给自己的孩子当班主任。

“易子而教”需要一定的环境和条件。如果没有这样的环境和条件，我们选择了教自己的子女，该怎么办？该怎样面对孩子的毛病？

在袁老师的教学故事中，我以为有以下几点值得讨论。

首先，不能对自己的孩子苛责，不能“别的学生犯了错误，我总是以一颗宽容的心去对待，而对于自己的孩子犯错误，我就无法容忍”。孩子都是需要被认可和鼓励的，所谓“数子十过，不如赞子一功”。当然，这里的“子”不仅指自己的孩子，还包括他人。另外，要知道人与人之间是有差异的。曾经看过这样一个故事：有一位家长望子成龙，只要知道某个孩子在某方面有出息，就会拿来跟儿子比较一番。这种比较让儿子情绪低落，也使儿子窝了一肚子火。一天，母亲又提到有一个孩子很有成就，儿子忍无可忍，对母亲说："××的妈妈现在是百万富翁，××的妈妈现在是处长，××的妈妈多有出息……妈妈，你为什么不是她们?"我想，每个家长可能都经不得这样的比较，都不能面对这样的质问。回过头想一想，尺有所短，寸有所长，人与人之间的差异是必然存在的，我们又有什么理由要求子女十全十美呢?教师的孩子就一定要比别的孩子强吗?

其次，"自己的孩子随我怎么样都行"的认识需要纠正。做父母的，一方面要教养子女，另一方面也要尊重子女。联合国于1989年通过的《儿童权利公约》提出了一个基本原则："对人类家庭所有成员的固有尊严及其平等和不移的权利的承认，乃是世界自由、正义与和平的基础，为了充分而和谐地发展其个性，儿童应该在家庭环境里，在幸福、爱抚和理解的气氛中成长。"该公约第二条第二款指出："应采取一切适当措施确保儿童得到保护，不应该基于儿童父母、法定监护人或家庭成员的身份、活动、所表达的观点或信仰而受到一切形式的歧视或惩罚。"文明的家长、成熟的家长应该尊重儿童，教师更应精心思考和设计教育子女的有效方式，不能简单粗暴地对待子女。

第三，对学生也好，对自己的子女也好，都不要有"杀鸡儆猴"的想法。教育应该有惩罚，但惩罚的对象是什么呢?人因为犯错误而接受惩罚，我以为惩罚的对象是错误的行为，而不是人，要对事不对人。因此，实施惩罚需要规则，而这个规则需要预先告知。我之所以反对杀鸡儆猴，不仅是因为杀鸡儆猴违反了谁犯错惩罚谁、对事不对人的惩罚原则，而且是因为一旦有了杀鸡儆猴的想法，惩罚的行为就可能失控，甚至给学生带来不能承受的伤害。

第四，惩罚以后要让孩子知道被惩罚的原因。这使我想起了父亲对我的惩戒。我的父亲是一位乡村民办教师，从小学一年级到初中毕业他一直当我的班主任。那时父亲对子女没有太高的期望（一个家庭成分并不理想的民办教师当时是不敢对子女有太高期望的），这使我在小学和初中的生活十分宽松，现在想起来真是觉得庆幸。小时候我顽皮，不时要被父亲惩罚。有一点是值得学习的，那就是每次惩罚过后，父亲总要说明为什么要惩罚，怎样避免被惩罚，从而使我有所收敛和改进，达到惩戒的目的。现在想一想，如果只有惩罚，没有告诫，没有达到戒除一些行为的目的，这样的惩罚就没有作用。

好在袁老师对自己的行为做出了检讨和改进。

最后祝愿天下的老师家庭生活幸福，祝你们的孩子自由而快乐地成长！

三、新接手班级，怎么办

问题：

我从没当过班主任，昨天学校布置开学工作，让我当八年级的班主任。这是一个有名的乱班，逃课、谈恋爱成风。我跟学校领导说不想当班主任，领导没有同意。我该怎么办？

思考和解答：

我想到了信心、策略和方法的问题。

信心是基础。这里的信心首先是指对自己的信心。“不识庐山真面目，只缘身在此山中”，其实我们未必了解自己。没有当过班主任，并不意味着你不适合当班主任。学校领导总会考虑把合适的人选放在合适的工作岗位上。因此，新任班主任需要突破“我不适合当班主任”的自我设限，要把担任班主任作为丰富教师生活、提升和展现教育能力的一种机遇，要对自己有信心。其次是指对学生的信心。苏霍姆林斯基说：“每个人都有一颗成为好人的心。”对于学生，只有坚信他想改变，想成为好人，想有出息，我们工作起来才有动力，才不至于失去信心。如果认为学生无可救药，我们就很难全心全意去关心和帮助他，谁会真正愿意对一个已经认定毫无是处的“顽石”下工夫呢？无论学生的过去如何，无论别人如何评价你的学生，作为班主任，你都要欣赏他、拥抱他、赞美他。印度哲人奥修在《生命的本意》中说：“世间的万物都是相互依赖的，生命的整体都是相互依存的。你使它快乐，它也使你快乐。”你欣赏和赞美学生，学生也会欣赏和赞美你。再次是指对收获的信心。做班主任无疑需要多付出一些时间和精力，但成功的班主任又往往比一般老师收获更多，比如，收获更加亲密和持久的师生感情，收获更多值得回味的故事。它将使教师生活更加富有意义，使教师更有成就感。新任班主任不要先想着工作的艰辛，而应对可能的成长和收获充满期望，然后思考如何实践和创造。

就这位老师的具体情况而言，我不太主张“新官上任三把火”的策略，而是主张“以静制动”。八年级的学生有了独立的意识和判断，换班主任很可能让学生有“被抛弃”的感觉。对新班主任，他们可能有期望，也可能有抵触。如果不了解情况就采取“新官上任三把火”的策略，很可能引火烧身，让事情变得更糟。奥苏贝尔说：“如果我不得不将教育心理学还原成为一条原理的话，我将会说，影响学习的最主要因素是学生已经知道了什么。根据学生原有的知识状况进行教学。”因此，首要的是做好调查研究，把主要精力放在了解学生身上。“以静制动”的策略强调在对学生未必了解的情况下，不急于出招，特别是不出“狠招”和“毒招”。

就方法而言，我建议这位老师尽快和班上的每位同学见面谈话。谈话时首先要树立信心。这种信心包括对自己的信心对学生的信心以及对班级未来的信心。其次是传递对学生的信任。要主动听取学生对班级建设的意见和建议，使学生有被信任感和班级主人公的责任感。谈话时要真诚、自然。对于学生的合理建议，一定要尽可能采纳，尽可能用学生的方法和招数管理班级，促进学生自我管理和自我教育，这也是“以静制动”策略的一种实践。我想，当越来越多的学生在主动思考如何让班级变得更好的时候，班主任付出的艰辛就可能少一点，而收获的愉悦就可能多一点。

四、从公民教育的角度看班干部的产生

问题：

一般来说，班干部的产生有这样几种方式：任命、推选和竞选。你怎么看待这几种方式？

思考和解答：

过去在中学当班主任的时候，我大多采用任命的方式，即使采用推选和竞选的方式，也主要是由我这个班主任主导。可以说存在的就有合理的一面，但我们又要看到存在的不合理的方面。反思其中的种种不合理，如果再要我做班主任，我可能会更多地采用竞选的方式。

之所以做出这样的调整，是因为我对教育的责任和使命有了新的理解。我以为，教育于个人的价值，在于提升幸福生活的能力，促进生活幸福；教育于社会的价值，在于培养合格的公民，促进社会进步。

公民不同于“臣民”，公民有主人意识，他们知道并主张自己的权利。公民也不是“私民”，他们积极参与公共事务，而不是抛弃责任。经济学家熊彼得说，现代公民教育的第一课应该是教会公民学会选举。

（一）归权于学生

有一个问题我们需要问问自己：你把班级看成班主任的还是学生的？如果班级是学生的，我们就需要放权于学生，归权于学生。

还有一个问题：班级管理的意义和价值是什么？我们曾经向一些老师提出这样的问题：“你为什么要在课堂中强调纪律？”大多数老师的回答是“强调纪律是为了让学生更好地学习”。当然，强调纪律可以使学生更好地学习，但更重要的是，这有利于培养学生的纪律意识和遵守纪律的习惯。也就是说，教育需要提供相应的环境

和教育活动帮助学生养成和获得生活的经验。亚里士多德说："我们通过做公正的事成为公正的人，通过节制成为节制的人，通过做事勇敢成为勇敢的人。"

班级管理的意义和价值不仅在于培养学生自主、参与和承担责任的公民素养，而且在于给学生提供自主、参与和承担责任的公民生活经验。早在 1919 年，陶行知先生就写过一篇文章——《学生自治问题之研究》。他说："时势所趋，非学校中提倡自治，不足以除自乱的病源。""学生自治是学生结起团体来，大家学习自己管理自己的手续。""为学生预备种种机会，使学生能够大家组织起来，养成他们自己管理自己的能力。"要把学生培养成合格的公民，需要归权于学生，为他们提供一种有利于增进自主、参与和责任意识的校园生活。

（二）相信学生能把自己的事情办好

有的朋友会说，孩子还小，什么都不懂，怎么让他自主和承担责任？的确，这有一个过程，不可能一蹴而就。但从什么时候开始放手呢？这就涉及如何看待孩子的自理能力的问题。我们的看法是早些放手比较好，孩子未必没有能力管理自己的生活。

我曾经观察过一年级的一节识字课。在教学过程中，老师组织学生玩"猜字"游戏。要求一位学生指着黑板上的生字，让另外一位同学猜，学生猜的时候要把生字大声读出来，而班上其余同学则担任裁判。该课堂教学的目的在于通过游戏巩固学生认识生字的成果。两位同学走到讲台上后，都想"指字"而不愿意"猜字"。这时两位同学望着老师，希望老师把指字的任务给自己。老师说："你们自己商量。"两个小朋友商量："猜拳！"问题就这样解决了。

我们来看一看孩子解决问题的模式。先是找熟人（老师），希望得到照顾（犹如很多成人闯红灯违章了，首先不是考虑承担责任，接受处罚，而是找熟人）。这位老师处理得很好——"我谁也不照顾，你们自己处理"（在成人的世界中，很多人会搞权力出租，出面维护一些本不该维护的人和事）。这样，就有了孩子自主处理争端的公民生活情境：第一步，不轻易放弃自己的权利；第二步，协商和订立规则（猜拳的规则是孩子熟悉和共同接受的），第三步，发挥能力去争取胜利（猜拳比赛）；第四步，履约守信。从争取个人权利到自主协商、立约、履约，这不就是理想的现代公民生活的雏形吗？

陶行知先生说："人人都说孩子小，其实人小心不小，你若认为孩子小，那你比孩子还要小。"实际上，孩子的游戏中就蕴涵着公民教育的成分。我们可以想一想，制定和执行班规的过程中，是否可以用"拉钩上吊，一百年不许变"等方式来培养学生履约和承担的责任意识？是否可以利用儿童游戏来教学？

最近，我在《校长》杂志上看到关于中央教育科学研究所南山附属学校的公民教育经验的描述："他（李庆明）从2004年开始推行学生竞选制度。刚开始，他只选择四年级的一个班级作为试点，但效果'出人意料的好'，于是第二年，他便把竞选推广到整所学校。""每年10月15日—11月15日，小到每个班的班长，大到学校的少先队大队长、团支部书记和学生会主席，都由学生选举产生。""一个见证过'竞选月'全过程的中央电视台记者说：'这和美国总统大选没有太大的差别。'"

（三）教育是慢的艺术

民主和协商是需要时间成本的。很显然，实行任命制可以节省时间，而且教师以自己的经验，总能够发现合适的班干部人选。让学生在一个月里头脑中都装着选举，他们或许会对此表示不屑。在效率主义和功利主义盛行的时代，这样的选择短时间里也讨不了好。但如果认定教育的目的就是培养合格的公民，而不是培养对自主、参与和责任毫无感觉的考试机器，我们认为，这样的探索和实践是值得的。

古人有"父母之爱子，则为之计深远"的说法。就我看来，为学生"计深远"，最有效的方法就是引导学生自我教育和自我管理，也就是引导学生“自治”。小威廉姆 E. 多尔在《后现代课程观》中说：“如果后现代教育学能够出现，我预测它将以自组织概念为核心。”

（四）向着明亮那方

有人或许会说，这太理想主义了。我们承认有一些理想的成分，但教育本是面向未来的理想主义事业。金子美铃写过一首诗《向着明亮那方》，诗中有这样的句子：“哪怕一片叶子，也要向着日光洒下的方向。”“哪怕烧焦了翅膀，也要飞向灯火闪烁的方向。”

教育要向着明亮那方！

五、家长无理取闹，怎么办

问题：

我有时会遇到一些无理取闹的家长，这让我们做班主任的很为难。他们提出的一些不合理要求，让我们很气愤，但又没有什么办法，没有谁为我们撑腰。我们该怎么办？

思考和解答：

只有自己才能真正为自己撑腰，面对无理的家长，要以有理战胜无理。不要生气，要是生气你就中计了。

对这个问题我有以下看法：

首先，要换位思考，不要随意认定家长无理。说不定你觉得家长的要求无理，家长还觉得你无理呢。比如，有的家长认为学习应该是快乐的，你觉得不刻苦就不会有好成绩；家长认为作业不必太多，你对没有做完作业的学生进行处罚……。对这样的问题，也很难说一定是你有理，家长无理。所以不要轻易说别人无理，教师不一定掌握着教育的真理。很多老师自己就是家长，当你以家长的身份考虑问题的时候，你可能也不接受你作为老师的作为。换位思考是一种促进理解的良好方式。

其次，意见不一致时，要心平气和地处理，力求达成共识。家长和老师都希望孩子有更加美好光明的未来，这是达成共识的一个重要基础。想一想，你对学生提出要求主要是想让学生健康而快乐地成长，还是想要理想的分数，让你好交差？这时恐怕很多老师就不那么理直气壮了。同样，我们可以问家长，你对孩子苛刻要求是为了孩子还是你的面子？细想之后家长可能会觉得愧对孩子。和家长的意见相冲突的时候，建议从学生的角度看问题，然后求同存异。

再次，教师还担负着引导家长的责任。现在的问题是很多老师缺乏引导的能力，遇到家长无理取闹，无法用“有理”战胜“无理”，结果造成了教师的败退和委屈。

教师需要经常动脑子。例如，很多小学要搞素质教育，有的家长就可能反对，说要抓分数——“不能让孩子输在起跑线上”。如何应对呢？你就可以拿出自己的“理”来。比如，和家长说人生是长跑而不是短跑，起跑时太用力反而不好……。当然，这样说未必能解决全部问题，但至少可以增进理解。

我是一个理想主义者，更是一个愿意理解他人的人。实际教学中的情况可能复杂得多，这些招数也未必管用。要赢得与无理的家长之间的战争并不是一件容易的事，一方面自己要有理，要有战斗力；另一方面，如果家长实在过分，可以向同事寻求帮助，甚至运用法律武器维护教师的合法权益。

关于推进学校课程改革的通信

一、如何推进有实效的教研

陈教授：

您好！

教研既是提高教学质量的重要手段，也是教师专业发展的重要途径，同时又是学校适应变化的重要基础。但现有的教研总体上是虚的东西多，形式上的东西多，没有发挥其应有的作用。

我们很希望把教研活动做得更有实效性，也就是通过教研把学生发展、教师发展和学校发展有机结合起来，使教研真正发挥改进教学、发展教师、改善学校的作用。

可以做出哪些改变呢？我们希望听到您的高见。

××

×校长：

您好！

这还得靠你们自己。我说一说自己的想法和实践。

学校的教研教改方式和途径多种多样，没有一定之规。有一句话说“不管白猫黑猫，抓住老鼠就是好猫”，能有效地改进教学、促进教师专业发展的方法都可以为我所用。

对于如何将学生发展、教师发展和学校发展有机结合起来，我曾经多次实践过这样的模式，效果还不错，你可以看一看。

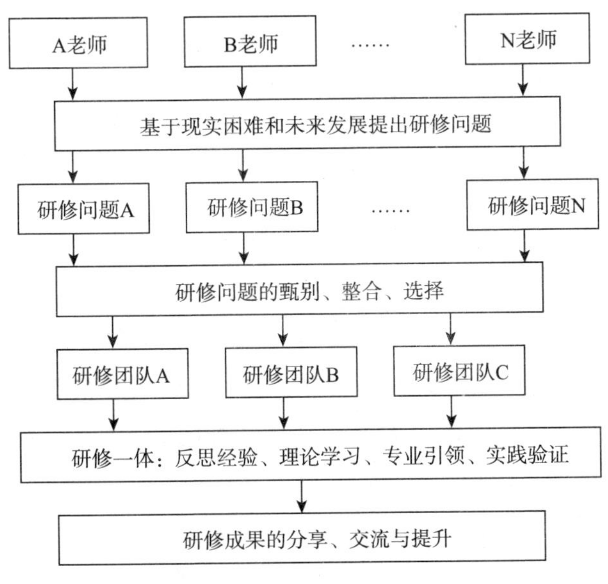

图9　校本研修模型图

这样的流程和模式大致分为以下四个阶段：

第一阶段：发现和形成研究问题。

我们可以在学期结束或开学初把全体老师召集起来，请每一位教师都提出自己想研究的问题。在思考研究问题的时候，可以引导老师们从两个角度发现问题：一是把工作中的问题和困难确定为问题，二是把准备进行的教学尝试和创新作为研究问题。

经过思考，老师们会有自己感兴趣的问题，A 老师可能有问题 A，B 老师可能有问题 B……N 个老师就会有 N 个学习需求和学习问题。这时，学校就需要分析和提炼大家提出的问题。有些问题通过理论学习就可以解决，我们可以给他推荐一些书，安排一些专家讲座。有时可能需要整合问题，如几个问题的表述不一样，但实质是一致的，这就可以将其整合成一个问题。老师可能不会关注学校发展中的教育教学问题，班子成员可以根据学校整体发展的需要，再补充一些问题。最后把整理出来的问题交给老师们选择，确定一个学期中大家要研究的问题。

这些问题来源于实践、来源于教师，相信这样的研究能真正改进实践。

第二阶段：组建研修团队。

有了教研的问题以后，我们可以组织临时性的研修团队。组建研修团队时，一是要让提出问题的老师加入，因为他们关心这些问题，希望解决这些问题，研究积极性高，同时研究的成果可以直接改善他们的实践；二是要让目前对这个问题处理得最好的老师加入，还可以让他担任牵头人，这可以让研究达到目前学校的最高水平（至少可以让其他参与者分享这位老师的经验）；三是要让对这个问题感兴趣的老师加入。

第三阶段：做有实效的研究。

组织研修团队之后，大致可以按照以下步骤进行研究：

第一，让问题更加清晰。也就是让参与人员进一步明确问题的现状和产生原因。

第二，反思自己和同事既有的经验。比如，思考一下关于这个问题，自己有没有成功的经验，有没有一次比较满意的行为，然后分析这些经验。研究过程中既要反思和分享自己的经验，也要挖掘身边同事的成功经验。比如，学校里有一位老师的阅读教学比较好，我们就分析他为什么教得好，他的哪些措施和行为有借鉴价值。

第三，注重理论学习，善于利用网络资源。比如说研究阅读教学，我们会专门找一些阅读教学方面的专著来读一读，上网搜索其他人在阅读教学方面有哪些好的经验和做法，并加以借鉴。

有了这几步的基础，我们就可以形成问题解决和教学创新（包含基本策略、方法和路径）的研究方案了。

接下来需要将研究方案投入实践，并在实践中修正、完善研究方案。

在整个研究过程中可能会遇到困难，这时，我们既可以通过读书进行理论补充，也可以请专家来诊断和指导，这就是专业引领。

这是一个反思经验、理论学习、专业引领、实践改进相结合的过程。

第四阶段：交流与分享。

在一个学期或一个学年结束的时候，学校可以组织老师交流与分享教研成果。这可以把研修团队的成果变成全校老师共同分享的财富。分享与交流教研成果，首先要用课说话，比如研究阅读教学的策略，就要上几节阅读教学的课给大家观察和研究，这是第一种方式，也是最重要的方式。第二种方式就是研修团队报告研究过程和收获。第三种方式就是组织相关的论坛活动。

但愿没有让你失望。希望你的实践有所改进。

陈大伟

二、怎样培养教师的问题意识

陈教授：

您好！

上次我们向您请教如何使教研更有实效性的问题，您建议我们在学期末或开学初先请老师发现自己的问题，我们觉得这是一个很好的建议。

临近期末，现学现用，我们就请老师们提出自己的研究问题。我们学校的条件和基础都不是很好，教学水平和质量也不太理想，按理说，老师们应该有很多问题需要研究。可是，把问题收上来一看，发现提得最多的是诸如“课时不够”、“家长不配合”之类的问题。这些问题很多是学校和教师解决不了的，大家都不太愿意深入研究和解决这些问题。这样一来，通过研究促进教师专业发展和学校发展的计划也就成了泡影。

我们满怀热情和希望组织教研活动，结果却让我们很失望。现在我们又要向您请教一些问题：为什么教师就不能发现自己的问题呢？怎样让教师们公开自己的问题？

××

×校长：

您好！

看来你有些着急了，这可以理解，但我劝你不要太着急，教育是慢的艺术，我们一起来慢慢想一想。

我常和老师们讨论“人为什么要穿衣服”的问题，结论是怕受冻，要掩盖自己的缺陷，展示自己的风采。由此，我们知道人的天性总是倾向于保护自己，遮掩自己的不足，展示自己美好的一面。理解了这一点，你就会知道人为什么不愿意说自己的问题了。

教师不愿意公开自己的问题还有另外一个原因，那就是担心公开问题后别人会认为自己不配“教书育人”。大多数教师眼中的自己不是真实的“镜中人”，而是自我美化、自我粉饰的“意中人”。对于实践中的问题和困难，很多教师采用责任外推的方式——“教育环境不好”，“条件不具备”，“学生素质太差”，等等。这是在为自己提供一个避免道德考量的安全的“避风港”。

一方面，缺乏问题意识和自我批判精神，教师的自我发展也就失去了基础。教师需要反省自己的问题以不断改进，需要公开自己的问题以获得帮助。另一方面，人的天性是自我保护而不是自我揭短，教师还可能面临道德内疚的压力，因此，教师不愿意承认和公开自己的问题和不足。在这种矛盾的情境中，培养教师的问题意识富有意义但又充满挑战。说实话，我注意到了这个问题，但并没有解决这个问题的有效方案，我只能试着说一说我的想法。

我们是不是可以培养一种“把问题看成朋友”的氛围？加拿大学者迈克·富兰的《变革的力量》是一本很值得读的书，其中有一句话是“问题是我们的朋友。问题不可避免要出现，如果没有问题，你就学不到东西”。作为校长，你能接纳有缺陷的教师吗？对于教师身上的问题，你用什么样的视角去理解？你又如何看待自己？我想，当我们既能坦然地接纳真实的自己、不完满的自己，又能接纳不完满的他人的时候，问题才可能成为我们的朋友。

我们是不是可以在降低教师的道德内疚和焦虑感方面进行探索？可以说，没有谁在做着十全十美的教育，任何教育都是有局限性的。这并不是否定教育的积极作用，而是强调在看到教育的意义和作用的同时要有风险意识。强调风险意识的核心立论是：人的时间有限、生命有限，你对学生进行了这种教育，其他教育就可能受到影响。比如，放任和自由的教育不利于培养集体意识，约束的教育对个性的发展有所压制……。发现问题可以使我们接纳不完美的教育，接纳不完满的自己，而研究问题则可以让我们在实践中强化教育的积极作用。这本身就是一种积极的、负责任的态度和方式。

我们是不是可以激发教师对自己的生命负责任的意识？我曾经

到一所学校参加观课议课活动，授课老师执教《落花生》，教学目标是“抓住重点字词，体会文意”。我问参与活动的老师：“你们教《落花生》时，感到最难的是什么？是不是‘抓住重点字词，体会文意’？”老师们摇摇头。我和他们开玩笑：“你们太大公无私了，教师要做研究，一定要学会‘自私’一点，一定要珍惜自己的时间。为什么不利用这有限的时间好好研究自己的问题，解决自己的困难呢？”我想激发老师们对自己的生命负责的意识。老师只有真正对自己负责，愿意改善和提升自己的生命质量，才会直面自己的问题。

你可以给老师们讲一讲这个故事：维特根斯坦是大哲学家穆尔的学生，有一天，罗素问穆尔：“谁是你最好的学生？”穆尔毫不犹豫地回答：“维特根斯坦。”“为什么？”“因为，在我的所有学生中，只有他一个人在听我的课时，老是流露出迷茫的神色，老是有一大堆问题。”后来维特根斯坦的名气超过了罗素。有一次，有人问维特根斯坦：“罗素为什么落伍了？”他回答说：“因为他没有问题了。”

“问题是我们的朋友”，建议教师们也找一找自己的“朋友”。

祝工作顺利！

陈大伟

三、怎样在学校中推进观课议课

陈教授：

您好！

我是哈尔滨的一名校长。2008 年，哈尔滨市教育局开始引进观课议课的研究成果，开展了中小学校长观课议课大赛，2009 年又组织了副校长和学校中层的观课议课比赛活动。

现在观课议课这种新的教研方式得到了普遍关注，那么学校如何推进观课议课呢？您有没有操作策略和方法上的建议？

盼望得到您的指导!

××

×校长:

您好!

首先要感谢您的来信和信任。

观课议课的外在表现是有效教研以及有效促进教师专业发展的路径、策略和方法，它的内在实质是建设一种致力于人的幸福、合作、创造的学校新文化。技术和方法的改变终究是表面的，体现为生活方式的文化观念的变化才是根本。探索和实践观课议课的路径、策略和方法固然重要，但如果没有内在的文化观念作支撑，观课议课就只能流于形式。

在设计和推进观课议课时最好有系统的思考，比如，思考如何激发教师改进教学的愿望，如何培养彼此合作的同伴关系，如何增加教师直面问题的勇气……。就已有的实践看，凡缺乏深入而系统思考的观课议课，效果往往不太理想。

就具体策略和步骤看，我们有以下建议:

(一) 分析教研现状

就教师而言，工作着也就生活着，工作的过程就是生活的过程；就学生而言，学习着也就生活着，学习的过程是生命生长的过程。人生是短暂而宝贵的，基于“生活不能虚掷，生命不能浪费”的追求，我们需要提升课堂上师生的生命质量。这是我们引导教师改进教学的内在动力。

本着对自我生命和学生的生命负责的态度，我们需要认真审视课堂教学活动的质量和效益。如果大家觉得现在的方式有问题，需要新的方式和方法，这时引进观课议课就水到渠成。如果大家对现有方式很满意，那就不必引进观课议课，否则会影响大家比较满意的生活，引起教师反感和抵触。

（二）变动观课位置

走进教室，你会发现，老师们大多在学生身后听课。在这样的位置无法真正观察和了解学生的学习情况，无法真正实现以学论教。转变的第一步是把观课的位置向前移，教师要到学生身边去，这样更便于观察他们的学习状态、学习活动和学习效果。

观课位置从学生身后移到学生身边，这容易让学生感到不舒适，因此，观课教师要尽可能和学生建立一种彼此信任的关系。要建立这种关系，就需要观课教师提前进教室，在上课前和学生有一些沟通和交流，使学生的情绪尽可能少受影响。

（三）构造教学案例

在观察和了解学生的学习状态、学习活动和学习效果的同时，教师要善于发现教学中的事件和现象。将这些现象和事件构造成教学故事是教师必须修炼的基本功。

首先，观课者可以不加评论地向同伴讲述自己所发现的教学故事。实践中我们发现，基于学生学习的故事讲述有利于提高教师发现问题的能力，并有利于观课者深入理解课堂。之后，观课者可以尝试着把教学故事转化为蕴涵困惑和问题的教学案例，以引起其他参与者对话讨论的兴趣。

（四）讨论教学案例

议课主要是对课堂上的事件、现象进行讨论。首先参与者需要回顾和熟悉将要讨论的教学事件和现象。熟悉教学故事和现象以后，其他参与者不要急于发表意见，而要先倾听授课教师的思考和看法，也就是先要认识授课教师，理解授课教师。然后，大家再围绕教学故事中的问题和困惑做进一步的交流和对话。

（五）有主题的观课议课

刚开始参与观课议课的一些老师，并不能很好地选择和确定观课议课的主题，而且在观课时也不能很好地处理预设议课主题和生成议课主题的关系。所以，开始做观课议课的时候，不一定要有非常明确的议课主题。在学会发现课堂、构造教学案例和讨论教学案例以后，就可以进行有主题的观课议课了。主题可以是实践中的困难和问题，也可以是准备进行的教学尝试和创新。

（六）围绕课题观课议课

开始做有主题的观课议课时，主题可以小一些，有针对性一点，争取一次活动能认识和解决一个或几个实践中的问题。但教学中的很多问题是有联系的，而且也很难通过一次活动彻底解决问题，这时，就可以围绕一个比较集中的问题用观课议课的方式进行教育科研。可以用一个月、一个学期，甚至一年时间，围绕一个课题设计一系列有关联的主题进行观课议课。这时，观课议课就需要与教育科研、行动研究、叙事研究和教师读书等活动和方式结合起来。

希望我的建议对您有所帮助！

陈大伟